事業者必携

入門図解 社会保険・労働保険の
しくみと実務ポイント

社会保険労務士 小島 彰 監修

三修社

はじめに

　会社などの事業所の運営においては、社会保険や労働保険など、公的保険の手続きを避けて通ることはできません。公的保険とは、法律で加入が義務づけられている保険のことで、労働保険と社会保険に分類できます。労働保険は労災保険と雇用保険の2つの制度からなります。広い意味で社会保険というと労働保険も含めますが、労働保険と区別して社会保険というときは健康保険、厚生年金保険、国民年金、国民健康保険、介護保険のことを社会保険といいます。

　たとえば、社員の採用・退職時、出産時、育児を理由として社員が休業した時、社員の住所が変わったときなどに、社会保険・労働保険の加入・喪失手続きや変更手続きが必要です。また、毎年行う定時決定や会社の賞与の支払時など、定例的な事務としての社会保険の手続きも必要です。

　社会保険や労働保険にはさまざまな給付があり、手続きの種類によって届出先や提出期限も異なっていますので、しくみは大変複雑です。実際、会社で社会保険関係の手続きを担当している人でもいろいろと苦労した経験があると思います。「保険料はいくらか」「どんな手続きによって利用できるのか」といったことを問われると、明快な返答をすることができない人も多いのではないでしょうか。会社の事業主や社会保険・労働保険事務の担当者は、公的保険制度のしくみについて理解しておくことが大切であるといえるでしょう。

　本書では、最新の制度や保険料率をふまえた上で、社会保険と労働保険のしくみについて解説しています。問題となる事項についてはイメージしやすいように、Q＆A形式で解説しています。

　本書を活用して、社会保険・労働保険の全体像を理解していただき、社会保険事務や労働保険事務に役立てていただければ幸いです。

監修者　社会保険労務士　小島　彰

Contents

第3章　労災保険のしくみ

第4章　雇用保険のしくみ

第7章　最低限知っておきたい厚生年金のしくみ

第8章　事業所調査のしくみ

第1章

社会保険・労働保険の全体像

社会保険・労働保険とは

● 保険は相互扶助の精神から生まれた

　将来起こるかもしれない危険（ケガや病気など）に対し、予測される事故発生の確率に見合った一定の保険料を加入者が公平に分担することによって、万一の事故に備える制度が「保険」です。保険は相互扶助の精神から生まれた、助け合いの制度です。保険には、生命保険や損害保険、給料から天引きされる雇用保険や介護保険などさまざまなものがあります。

　これらのうち、生命保険や損害保険のように加入するかどうかが個人の自由にまかせられている保険を私的保険といいます。

　これに対して、労働保険や社会保険は、強制的に加入することが義務づけられている保険です。会社の場合、従業員を1人でも雇った場合には、原則として、労働保険と社会保険に加入する義務があります。

　このように法律で加入が義務づけられている保険のことを公的保険といいます。公的保険は労働保険と社会保険の総称です。

● 各保険の守備範囲はどうなっているのか

　労働保険は労働者災害補償保険（労災保険）と雇用保険の2つの制度からなります。社会保険は健康保険、厚生年金保険、国民年金、国民健康保険などからなります。これらの保険制度は、制定された過程や目的などからその保険給付の対象（保険給付の原因となる疾病、失業、加齢など）がそれぞれ異なっています。

　ただ、場合によっては、2つ以上の保険の支給対象となることもあります。このような場合はいずれかの保険で支給が調整（不支給または減額支給）されて、保険の給付を受ける者が二重に給付を受けるこ

とがないようになっています。

　労災保険・雇用保険・健康保険・厚生年金保険の内容を簡単にまとめると、下図のとおりです。

■ ４つの保険制度 ‥‥‥‥‥‥‥‥‥‥‥‥‥‥‥‥‥‥‥‥‥‥‥

労働者災害補償保険	労働者が仕事中や通勤途中に発生した事故などによって負傷したり、病気にかかったりした場合に治療費などの必要な給付を受けることができる。また、障害などの後遺症が残った場合や死亡した場合などについても保険給付がある。
雇用保険	労働者（被保険者）が失業した場合や本人の加齢（年をとること）、家族の育児・介護などのために勤め続けることが困難になった場合に保険給付が行われる。また、再就職を支援するための給付も行う。
健康保険	被保険者とその扶養家族が病気やケガをしたとき（仕事中と通勤途中を除く）に必要な給付を行う。出産した場合や死亡した場合にも一定の給付を行う。
厚生年金保険	被保険者が高齢になったとき、事故等で体に障害が残ったとき、死亡したとき（遺族の所得保障）などに給付を行う。

■ 公的保険のしくみ ‥‥‥‥‥‥‥‥‥‥‥‥‥‥‥‥‥‥‥‥‥‥

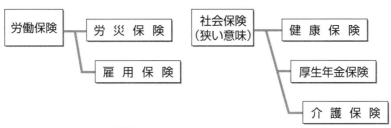

雇用保険・労災保険なども含めて広い意味で「社会保険」という言葉を使うこともある

Q 常勤役員と非常勤役員では社会保険の取扱いは違うのでしょうか。

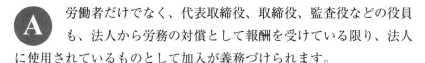 **A** 労働者だけでなく、代表取締役、取締役、監査役などの役員も、法人から労務の対償として報酬を受けている限り、法人に使用されているものとして加入が義務づけられます。

ただし、非常勤役員の場合は、逆に社会保険に加入することができない場合があります。つまり、就労の実態として週1～2日程度の勤務であれば、社会保険の加入義務はありませんが、非常勤とされていても、実際は常用的に業務を遂行しているのであれば、社会保険の加入義務が生じます。また、この判断においては、基本的には報酬の多寡は問われません。非常勤役員としながら、通常の労働者のように月給として報酬が支払われ、常用的な雇用関係が認められれば、加入しなければならないこともあります。

Q パートタイマーが社会保険への加入を拒否していますが加入しなくてもよいのでしょうか。

A パートタイマーのように労働時間が正社員より短い者の場合、1週間の所定労働時間および1か月の所定労働日数が、事業所において同種の業務に従事する正社員と比較して、おおむね4分の3以上となれば、健康保険の被保険者および厚生年金保険の被保険者（国民年金の第2号被保険者）になります。また、4分の3未満であっても、従業員数が101人以上（令和6年10月からは51人以上）の会社で一定の要件を満たしている場合は、社会保険の加入対象者となります。強制的に被保険者となるべき者を加入させないで放置した場合には、さかのぼって保険料を徴収されることもあります。このことを本人に話した上で、資格取得手続をしましょう。

公的保険は誰が運営しているのか

公的保険の運営主は国と公法人である

　生命保険や損害保険などの私的保険は企業などによって運営されています。これに対して、公的保険は国（政府）または公法人（地方公共団体・全国健康保険協会）によって管理・運営されています。公的保険で給付が行われる場合の財源は、国が負担するものの他、会社などの事業所やそこで働く労働者から徴収する保険料によってまかなわれています。

保険者とは運営主、被保険者とは加入者のこと

　国などのように保険を運営する主体（「管掌」といいます）を保険者といいます。また、保険に加入する者のことを被保険者といいます。正社員として働く会社員などがこれにあたります。

　公的保険（労働保険と社会保険）の制度は、国または公法人（地方公共団体・全国健康保険協会・健康保険組合・国民健康保険組合）が保険者ですが、実際の窓口はそれぞれの保険ごとに違います。

　ここでいう窓口とは、それぞれの保険制度への加入手続や所定の書類の提出を行ったり、保険給付を行う場合の手続をする場所のことです。

公的保険の窓口は国の出先機関である

　労災保険と雇用保険の保険者はともに国（政府）です。ただ、実務的に書類を提出したり、必要な手続を行う窓口になるのは、国の出先機関です。労災保険の場合、厚生労働省の指揮・監督の下にある都道府県労働局が保険の適用や保険料の徴収などの事務を行いますが、保険給付等の通常の業務はさらに各労働局が指揮・監督する労働基準監

督署が行っています。このため、労災保険についての一般的な窓口は労働基準監督署（労基署）となります。なお、労働条件や職場の問題などで困った場合の労働相談の受付に関しては、各都道府県労働局と、各労働基準監督署でも行っています。

一方、雇用保険も、都道府県労働局の管轄ですが、一般的な窓口は労働局が指揮・監督する公共職業安定所（ハローワーク）になります。

健康保険の運営事務については全国健康保険協会の本部により行われますが、地域の実情をふまえた保険事業を展開するために都道府県支部が設置されています。被保険者の資格取得・喪失、保険料などの納付は年金事務所が、保険給付や任意継続などの手続きは協会の都道府県支部が窓口になります。

また、健康保険組合がある大企業などの場合は健康保険組合自体が窓口になります。

厚生年金保険の窓口は、健康保険と同様に年金事務所となっています。

■ 労働保険と社会保険の管轄と窓口 ……………………………………

	保険の種類	保険者	管　轄	窓　口
労働保険	労災保険	国（政府）	都道府県労働局	労働基準監督署
	雇用保険		都道府県労働局	公共職業安定所（ハローワーク）
社会保険	健康保険	全国健康保険協会	全国健康保険協会	協会の都道府県支部 年金事務所
		健康保険組合	健康保険組合	健康保険組合
	厚生年金保険	国（政府）	日本年金機構	年金事務所

社会保険事務の電子申請

電子申請とは

　従来、労働保険料の申告などの手続きは、管轄の行政機関（労働保険の場合、労働基準監督署や公共職業安定所など）に出向いて、申請書などの紙を提出することによって行っていました。しかし、現在では、行政手続きについての電子化が進んでいます。労働保険関連の申請手続きも同様で、パソコンを使ってインターネット経由で申請を行うことができるようになりました。このように、インターネットを利用してパソコンで申請することを電子申請といいます。

　電子申請のメリットは、システムのメンテナンス時間を除いて、いつでも、どこからでも、申請することができる点です。紙による申請のように、実際に出向いて書類の提出や手数料の納付をすることなく、一連の手続きを済ませることができます。

どんな手続きに利用できるのか

　社会保険に関するほとんどの手続きについて、イーガブを利用して電子申請することができます。また、電子申請は、雇用保険の資格取得手続きなど労働保険の多くの手続きでも利用することができます。そして、社会保険と雇用保険の資格取得手続きを一緒に行いたい場合には、グループ申請という機能を利用して手続きをまとめて行うこともできます。

　電子申請を行う場合には、申請データに対する電子署名をしなければなりません。この電子署名をするには、認証局が発行する電子証明書が必要になります。

　次に、電子申請に利用するパソコンを設定します。設定する前に、

そのパソコンで電子申請を行うことができるかどうかを確認しておく必要があります。イーガブのサイトに掲載されている要求スペックを確認し、性能の面で問題がないかどうか確認するようにしましょう。

　また、申請データ作成をサポートするソフトウェアも多数発売されており、業務支援ソフトウェア製品等を使用することによって、より簡単に電子申請を行うことができるようになってきています。手続きの流れは下図のとおりです。

● 電子申請できる社会保険手続き

　たとえば、「健康保険・厚生年金保険被保険者資格取得届」「健康保険・厚生年金保険被保険者賞与支払届」「健康保険・厚生年金保険被保険者報酬月額算定基礎届」といった手続きで電子申請を利用することができます。

■ 電子申請を利用した手続きの流れ ……………………………………

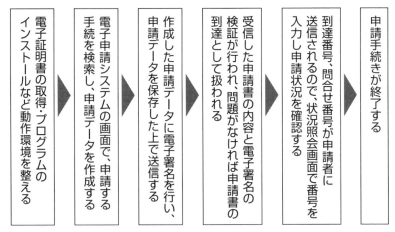

電子証明書の取得・プログラムのインストールなど動作環境を整える

電子申請システムの画面で、申請する手続を検索し、申請データを作成する

作成した申請データに電子署名を行い、申請データを保存した上で送信する

受信した申請書の内容と電子署名の検証が行われ、問題がなければ申請書の到達として扱われる

到達番号、問合せ番号が申請者に送信されるので、状況照会画面で番号を入力し申請状況を確認する

申請手続きが終了する

※上記の手続きの流れは一般的な流れを概略して記載したもので、代理人申請を行う場合、手順が異なることもある

第2章

労働保険のしくみ

① 労働保険とは

● 事業場を単位として適用を受ける

労働者保護の観点から設けられた公的保険である労働保険は、労働者災害補償保険（労災保険）と雇用保険の総称です。

労働保険では、1人でも労働者を使用する事業場は、事業主の意思に関係なく、原則として適用事業となります。公的保険として強制的に加入しなければなりません。

労働保険は「事業場」を単位として適用を受けます。事業とは、仕事として反復継続して行われるものすべてを指します。たとえば、本社の他、支社、支店、工場、営業所、出張所などがある会社では、本社だけでなく、支社から出張所に至るまでそれぞれが別々に事業場として成立していることになります。そのため、それぞれの事業場が個別に労働保険の適用を受けることになるので、必要な手続きについても事業場ごとに個別に行います。これが原則です。ただし、支店や営業所において労働保険の手続きを行うことのできる適任者がいないなどの理由がある場合は、本社などの上位の事業所で一括して手続きを行うこともできます。その場合、所定の届出が必要です。

● 労災保険では継続事業と有期事業を区別している

労働保険のうち労災保険では、事業の内容によって継続事業と有期事業の2つに分けられています。

継続事業とは、通常の事業所のように期間が予定されていない事業のことです。一方、有期事業とは、建設の事業や林業の事業のように、一定の予定期間に所定の事業目的を達成して終了する事業のことです。継続事業と有期事業は労働保険料の申告書なども違いますので、どち

らの事業にあたるのかを確認する必要があります。

◉ 労災保険と雇用保険は普通一緒に取り扱う

労働保険の保険給付は、労災保険の制度と雇用保険の制度でそれぞれ別個に行われています。

しかし、保険料の申告・納付は、原則として2つの保険が一緒に取り扱われます。このように、雇用保険と労災保険の申告・納付が一緒に行われる事業のことを一元適用事業といい、大部分の事業が一元適用事業に該当します。そのため、一般的には会社などの事業所を設立して1人でも労働者を雇った場合には、労災保険と雇用保険の両方の保険に同時に加入することになります。

ただ、労災保険と雇用保険のしくみの違いなどから、事業内容によっては別個の保険関係として取り扱うことがあります。これを二元適用事業といい、下図の①～⑤に掲げる事業が該当します。

なお、労災保険の有期事業に該当する事業は、必ず二元適用事業に該当することになります。

■ 二元適用事業 ………………………………………………………………

| ① （国を除く）都道府県と市区町村の行う事業 |
| ②都道府県に準ずるものと市区町村に準ずるものが行う事業 |
| ③東京や横浜などの6大港における港湾運送関係の事業 |
| ④農林水産などの事業 |
| ⑤建設の事業 |

労働保険料の区分と事務委託

◉ 労働保険料は5種類に区分されている

　国は、保険給付をはじめとする労働保険の事業の費用にあてるために労働保険料を徴収します。労働保険料は労働者の種類によって①〜⑤の5種類に区分されています。一般保険料と特別加入保険料については、保険料率によって決定しますが、印紙保険料については定額制とされています。

　特別加入保険料は労災保険料にだけかかる保険料です。

①　一般保険料

　事業主が労働者に支払う賃金を基礎として算定する通常の保険料です。単に労働保険料というときは、通常この一般保険料のことを指します。

②　第1種特別加入保険料

　中小企業の事業主やその事業に従事する家族従事者などが労災保険に特別に加入する場合の保険料です。

③　第2種特別加入保険料

　大工や左官などの一人親方、個人タクシーの運転手などの個人で自営をする者、またはその家族従事者などが労災保険に加入（特別加入）した場合の保険料です。

④　第3種特別加入保険料

　国内の事業から海外に派遣されている者が労災保険に加入（特別加入）した場合の保険料です。

⑤　印紙保険料

　雇用保険の日雇労働被保険者についても一般保険料は必要ですが、印紙保険料は、一般保険料以外に事業主と日雇労働被保険者がそれぞれ折半で負担して、雇用保険印紙によって（印紙保険料納付計器も使

用できる）納付する保険料です。印紙保険料は雇用保険だけにかかる保険料です。

● 保険事務は労働保険事務組合に委託できる

　労働保険の事務負担を軽減するために、小規模な事業を営む事業主は、労働保険事務組合に労働保険事務を委託することができます。

　労働保険事務組合とは、事業主の委託を受けて、労働保険の事務を代行する中小事業主などの団体です。労働保険事務組合となるには、厚生労働大臣の認可が必要です。認可を受けているおもな団体としては商工会、商工会議所、事業協同組合などが挙げられます。

● 委託できるのは中小企業だけである

　労働保険事務組合は中小企業の労働保険事務の負担軽減が目的なので、事務組合に事務処理を委託できる事業主は、常時使用する労働者が、金融・保険・不動産・小売業では50人以下、卸売の事業・サービス業では100人以下、その他の事業では300人以下という制限があります。

■ 労働保険料の種類 ⋯⋯⋯⋯⋯⋯⋯⋯⋯⋯⋯⋯⋯⋯⋯⋯⋯⋯⋯⋯⋯

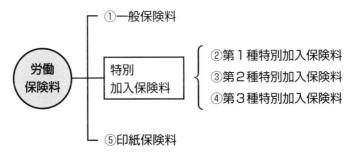

労働保険への加入手続き

● 一元適用事業と二元適用事業は加入手続が異なる

　一元適用事業と二元適用事業（19ページ）とでは労働保険の加入手続が異なりますので、それぞれ別々に確認しておきます。

①　一元適用事業が加入する場合

　「労働保険保険関係成立届」を管轄の労働基準監督署に提出します。その上で、その年度分の労働保険料（保険関係が成立した日からその年度の末日までに労働者に支払う賃金の総額の見込額に保険料率を乗じて算出した額となります）を前払いで納付することになります。このように前払いで納める保険料を概算保険料といいます。

　労働基準監督署で受け取った保険関係成立届の控えは事業所を管轄する公共職業安定所に持参する必要があります。そして「雇用保険適用事業所設置届」を提出し、同時に労働者の「雇用保険被保険者資格取得届」も提出します。

②　二元適用事業が加入する場合

　二元適用事業の場合、保険料の申告・納付も別個に扱うことになります。そのため、労災保険と雇用保険の手続きが異なります。

　労災保険の手続きについては、「労働保険保険関係成立届」を管轄の労働基準監督署に提出します。そして、その年度分の労働保険料（労災保険分）を概算保険料として申告・納付することになります。

　また、雇用保険の手続きについては、管轄の公共職業安定所に「労働保険保険関係成立届」を提出します。同時に「適用事業所設置届」と「被保険者資格取得届」も提出します。そして、都道府県労働局へ概算保険料（雇用保険分）を申告・納付します。

● 加入手続を怠るとさかのぼって保険料を徴収される

　保険関係成立届を提出していない場合に起きた労災事故であっても、被災労働者は労災の給付を受けることができます。

　ただ、事業主が「労働保険保険関係成立届」を提出していない期間について、国は法律上保険関係が成立した時にさかのぼって、保険関係を成立させることになります。その上で、さかのぼった期間の分も含めた労働保険料（最高2年間分、その他追徴金として保険料の10％）が徴収されることになります。

● 故意または重過失の場合は給付分まで徴収される

　事業主が故意（わざと）または重大な過失（あやまち）によって、「労働保険保険関係成立届」を提出していなかった間に労働災害が生じてしまった場合は、労災保険の保険給付を行うたびに国（政府）から費用が徴収されることになります。

　徴収される金額は国が労災保険として給付した額の40％または100％相当額です。特に、事業主が故意に手続を行わないものと認定された場合、その災害について支給された保険給付額の100％相当額が徴収されることになっています。

　ただ、療養（補償）給付、介護（補償）給付、二次健康診断等給付については、費用徴収がなされません。

■ 費用が徴収される場合 ･････････････････････････････

4 労働保険料の算定と納付

● 労働保険料とは

　労働保険料は労災保険料と雇用保険料に大別されます。労災保険料については、そもそも労災事故に対して労働基準法で事業主が補償義務を負い、その義務を肩代わりしているのが労災保険という考え方から、全額、事業主が負担します。一方の雇用保険料は、事業主と被保険者がそれぞれ定められた割合の保険料を負担します。なお、労災保険か雇用保険のどちらか一方の保険関係だけが成立している事業の場合は、その一方の保険料率だけが一般保険料率となります。

● 中小事業主の特別加入制度

　本来であれば労働者ではない中小事業主やその家族従事者、一人親方その他の自営業者やその家族従業者、海外に派遣される労働者や事業主が労災保険へ特別に加入する制度もあります。

● 保険料は１年分を概算払いし、翌年に精算する

　労働保険の保険料は、年度更新という手続きで毎年６月１日から７月10日までの間に行います。まず、年度当初に１年分の概算保険料を計算して申告・納付し、翌年度に確定保険料として精算する方法をとっているため、事業主は前年度の確定保険料と当年度の概算保険料をあわせて申告・納付します。

　年度更新に際して、概算保険料が40万円以上であること、または、労働保険事務組合に労働保険事務の処理を委託する場合は、保険料を３期に分割して納付することができます。このような一括納付の保険料負担を軽減する分割納付制度を「延納」といいます。ただし、10月

1日以降に成立した継続事業は分割納付ができず、保険関係成立日から3月末までの保険料を一括納付します。

● 事業拡大したときは増加概算保険料を申告・納付する

概算保険料申告書を提出した後、年度の途中に事業規模の拡大で労働者が大幅に増え、賃金総額が増加する場合があります。

この場合、増加が見込まれる賃金の総額に応じて、新たに増加分の保険料（増加概算保険料）の申告・納付をしなければなりません。増加概算保険料の納付が必要な場合は、賃金総額の見込額が当初の申告額の2倍を超えて増加し、さらに、その賃金総額によって算出された概算保険料額が申告済の概算保険料に比べ13万円以上増加する場合です。

■ 労働保険料の延納の納期限 ……………………………………

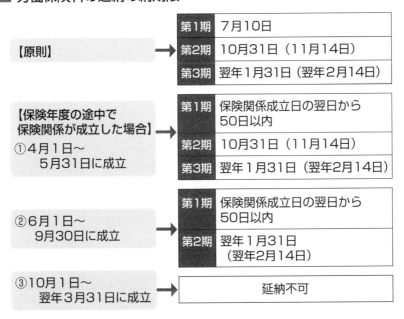

※労働保険事務組合に委託している場合はカッコ内の日付となる

Q 当社の前年度の確定保険料を計算すると、746,950円となりました。今年度の概算保険料もほぼ同額になると思います。昨年、納付した保険料が670,950円で、不足額が76,000円ありました。
今年度の概算保険料にこれを合算したものを納付することになるのでしょうが、3回でなく、2回でもかまわないでしょうか。

A まず、労働保険料の分割納付（延納）の要件について確認しておきます。貴社のような継続事業では、労働保険料が40万円以上（労災保険または雇用保険の一方の保険関係だけが成立している場合は20万円以上、労働保険事務組合に労働保険事務を委託している場合は額は問いません）であることが必要です。この点、要件を満たしていますので延納することができます。ただし、延納回数は任意ではなく、毎年6月1日から7月10日までに行う年度更新の場合は3回と決まっています。また、延納できるのは概算保険料だけで確定保険料は延納することができません。つまり、確定した不足分は一括で延納の1期分と一緒に納付します。

次に貴社のケースを具体的にみていきましょう。今年度の概算保険料は、前年度と同額の746,950円ということですから（賃金総額の見込額が前年度の半分以上倍以下の場合は、前年度の賃金総額で計算）、3期に分けると248,983円に端数が1円出ます。この端数は第1期分に乗せることになり、第1期248,984円、第2期、第3期が同額の248,983円となります。納期は、第1期が7月10日、第2期が10月31日、第3期が翌年1月31日ですが、第1期分は不足額を加えた324,984円を納付することになります。

なお、労働保険事務組合に労働保険事務を委託している場合は、第2期の納期が11月14日、第3期が2月14日となり、14日延長されます。

労働保険料の計算方法

◉ 労働保険料＝年間賃金総額×一般保険料率

労働保険料は、事業主が1年間に労働者に支払う賃金の総額（見込み額）に一般保険料率（労災保険率と雇用保険率を足しあわせた率）を掛けて算出した額になります。

保険料の算定にあたって賃金総額に掛ける労災保険率は、業種によって1,000分の2.5〜1,000分の88まで分かれており、事業主のみが負担することになります。また、雇用保険率は、1000分の13.5〜1000分の16.5まで分かれており、事業主と労働者が双方で負担することになります。

◉ 賃金は給与・手当など名称を問わない

労働保険料は労働者に支払う賃金の総額に所定の保険率を掛けて算出することになっています。

賃金とは、賃金、給与、手当、賞与などの名称を問わず労働の対償として、事業主が労働者に支払うすべてのものをいいます。一般的には労働協約、就業規則などによって、支給が事業主に義務づけられているものです。ただ、退職金、結婚祝金などは、労働協約、就業規則などで支給が義務づけられていても、賃金として取り扱わなくてもよいとされています。また、原則として所定の現金給付の代わりに現物給付するもの（定期券など）についても賃金となります。

◉ 労災保険に限り、賃金総額の特例で計算できる

賃金総額を正確に計算することが難しい次ページの図の事業については、特例によって賃金総額を計算することができます。これは、労

災保険の保険料の額の算定に限って認められているもので、雇用保険の保険料の額の算定については、実際に労働者に支払う賃金の総額により保険料の額を算定します。ただ、賃金算定の特例が認められている事業であっても、賃金の算定ができる場合は特例によらず、原則通り実際に労働者に支払う賃金の総額により保険料を計算します。

　①の請負による建設の事業の賃金総額は、請負金額に労務費率を掛けて計算します。請負金額とは請負代金の額そのものではなく、注文者から支給を受けた工事用の資材または貸与された機械器具等の価額相当額を加算します。また、機械装置の組立または据付の事業の請負代金の中に機械装置の額が含まれているときは請負代金の額から、それらの機械装置の額を差し引きます。

　②の立木の伐採の事業の賃金総額は、素材１㎥を生産するために必要な労務費の額に生産するすべての素材の材積（木材の体積）を掛けて算出します。

　下図の③と④に記載した事業については、厚生労働大臣が定める平均賃金相当額にそれぞれの労働者の使用期間の総日数を掛けて賃金総額を求めます。

■ **賃金算定の特例が認められている事業** ……………………………

賃金算定の
特例
- ①請負による建設の事業
- ②立木の伐採の事業
- ③造林の事業、木炭又は薪を生産する事業、その他の林業の事業
- ④水産動植物の採捕・養殖の事業

保険料率と負担割合

一般保険料率＝労災保険率＋雇用保険率が原則

　一般保険料率とは、一般保険料の額を算定するときに使用する保険料率で、労災保険率と雇用保険率を合計した率のことです。

① 労災保険率

　事業の種類ごとに業務の危険性を考慮して定められています。最高1,000分の88（金属鉱業、非金属鉱業または石炭鉱業）から最低1,000分の2.5（通信業、放送業、新聞業または出版業など）に分類されています。労災保険率の中には、通勤災害等にかかる率1,000分の0.6が含まれています。労災保険の保険料は、全額事業主が負担します。

② 雇用保険率と負担割合

　事業の種類などにより、3段階に分かれます。雇用保険は事業主と被保険者がそれぞれ定められた割合によって、保険料を負担することになります。

事業主の努力で労災保険料は抑えることができる

　労災保険の保険率は、業種によって災害リスクが異なることから、事業の種類ごとに定められています。しかし、事業の種類が同じでも、作業工程、機械設備などの労働環境整備や、事業主の災害防止への努力の違いにより、個々の作業場の災害率には差が生じます。

　そこで、保険料負担の公平性の確保と、労働災害防止努力の一層の促進を目的として、労働保険料の割引・割増を行うメリット制が採用されています。メリット制には継続事業のメリット制、中小事業主のための特例メリット制、有期事業のメリット制、の3種類があります。

　継続事業のメリット制が適用されるためには、次ページ図の①及び

②の要件を満たすことが必要です。図中の要件に、「100人以上」「40万円以上」「3年以上」とあるように、メリット制が適用されるためにはある程度の規模の事業が一定期間以上続いていることが必要ということになります。

　以上のような要件を満たしている事業において、連続する3保険年度の保険料に対する保険給付の割合（収支率）が100分の85を超えた場合、または100分の75以下となった場合にメリット制が適用されます。具体的には、100分の85を超えた場合には労災保険率は引き上げられ、逆に100分の75以下となった場合には引き下げられます。

■ メリット制が適用される事業 ………………………………

① 連続する3保険年度中の各保険年度において、次の@〜©のいずれかに該当する事業

@ 100人以上の労働者を使用する事業

ⓑ 20人以上100人未満の労働者を使用する事業にあっては、労働者数に労災保険率から通勤災害等にかかる率（1,000分の0.6）を引いた率を掛けて求めた数が0.4以上であること

© 有期事業の一括の適用を受けている建設の事業又は立木の伐採の事業については、連続する3保険年度中の各保険年度の確定保険料の額が40万円以上であること

② 連続する3保険年度の最後の保険年度に属する3月31日（基準日）現在において、労災保険の保険関係が成立後3年以上経過している事業

雇用保険料の計算

● 雇用保険の保険料率は事業によって異なる

　雇用保険の保険料は事業主と労働者がそれぞれ負担します。事業主は、労働者に支払う賃金や賞与の中から保険料を預かり、事業主負担分とあわせて国（政府）に納付します。労働者から徴収する保険料は、労働者の賃金総額に労働者負担分の保険料率を掛けて算出します。雇用保険の保険料率は業種によって異なり、令和4年10月1日から令和5年3月31日までの雇用保険料率は、次ページの図のとおりです。一番保険料率が高いのは建設業で1000分の16.5、次に保険料率が高いのが農林水産事業や清酒製造の事業で1000分の15.5、その他の一般の事業は1000分の13.5となっています。この保険料率の中には、事業主が全額負担する雇用保険二事業の保険料率と、労働者と事業主が折半して負担する失業等給付・育児休業給付の保険料率が含まれています。したがって、労働者は失業等給付・育児休業給付の保険料率のみを負担するしくみになっています。なお、雇用保険二事業とは、雇用安定事業（雇用調整助成金などの事業主に対する助成金など）と能力開発事業（ジョブカード制度の構築など）のことで、事業主からの保険料のみを原資としています。

　雇用保険料が徴収される賃金については、次ページの表を参照してください。

■ 雇用保険料が徴収される賃金と料率 ·······························

●雇用保険科率（令和4年10月1日から令和5年3月31日まで）

事業区分	雇用保険率	雇用保険率	事業主負担率	被保険者負担率
① 一般の事業		$\dfrac{13.5}{1000}$	$\dfrac{8.5}{1000}$	$\dfrac{5}{1000}$
② 農林水産事業 ※1 清酒製造の事業		$\dfrac{15.5}{1000}$	$\dfrac{9.5}{1000}$	$\dfrac{6}{1000}$
③ 建設の事業		$\dfrac{16.5}{1000}$	$\dfrac{10.5}{1000}$	$\dfrac{6}{1000}$

※1 「農林水産事業」のうち牛馬の飼育、養鶏、酪農、養豚、園芸サービス及び内水面養殖事業は「一般の事業」に該当する

●賃金に含まれるものと含まれないもの

賃金に含まれるもの	賃金に含まれないもの
○基本給	○労働基準法第76条の規定に基づく休業補償
○超過勤務手当、深夜手当、休日手当	○退職金
○扶養手当、子供手当、家族手当	○結婚祝金
○日直・宿直料	○死亡弔慰金
○役職手当・管理職手当	○出張旅費・宿泊旅費
○地域手当 ○教育手当 ○別居手当 ○技能手当 ○特殊作業手当	○解雇予告手当
○奨励手当 ○物価手当 ○調整手当 ○賞与 ○通勤手当	○制服、赴任手当
○通勤定期券、回数券 ○皆勤手当	○会社が全額負担する生命保険の掛金
○さかのぼって昇給した場合に支給される差額の給与	○役員報酬
○有給休暇日の給与	○災害見舞金、出産見舞金等 （いずれも、労働協約等によって事業主にその支給が義務づけられていても賃金として取り扱わない）
○休業手当 （労働基準法第26条の規定に基づくもの）	
○所得税・雇用保険料・社会保険料等の労働者負担分を事業主が負担する場合	○住居の利益 （一部の社員に社宅等の貸与を行っているが、他の者に均衡給与が支給されない場合）
○チップ （奉仕料の配分として事業主から受けるもの）	
○住居の利益（社宅等の貸与を行っている場合のうち貸与を受けない者に対し均衡上住宅手当を支給する場合）	

Q 当社はプラスチック廃材の再生業で、正社員の他、パートタイマーがいるのですが、労働保険料の年度更新で対象となる労働者とはどのような労働者なのでしょうか。

A 年度更新で計算対象となる労働者の取扱いは、労働保険、つまり労災保険と雇用保険では若干異なるところがあります。

まず、労災保険では、原則として正社員、パートタイマー、アルバイトなど名称や雇用形態にかかわらず、労働の対償として賃金を受けるすべての労働者を含めます。労災保険には他の保険制度のような被保険者の概念がないからです。

次に雇用保険ですが、基本的には被保険者が算定の対象となりますが、出向者、パートタイマーについては注意が必要です。

出向者は、生計を維持するに必要な主たる賃金を受けている者の雇用関係についてだけ含めます。出向元から主たる賃金が支払われているのであれば、貴社の労働者には含めません。この点、労災保険とは取扱いが異なります。

パートタイマーについては、すべてのパートタイマー労働者が対象となるのではなく、雇用保険の被保険者の資格取得をしているパートタイマーのみが対象となります。

パートタイマー労働者が雇用保険の被保険者となるのは、①1週間の所定労働時間が20時間以上であること、②31日以上の雇用の見込みがあること、の2つが条件となります。ただし、季節的に雇用されるもので、①4か月以内の期間を定めて雇用されるもの、②1週間の所定労働時間が30時間未満であるもの、については除外されます。また、昼間は学校へ行き夜に働いている昼間学生についても雇用保険の対象者となりません。

8 労働保険料の計算

● 年度更新の計算例

　ここでは、労災保険と雇用保険の保険料について、計算式を確認しておきましょう。令和3年度の概算保険料と確定保険料は令和3年度の料率、令和4年度の概算保険料については、令和4年度の料率を使用しています。労災保険の保険料は次の算式で算出します。

全労働者の賃金総額の見込額×労災保険率

　また、雇用保険の保険料は、以下の算式で算出します。

対象労働者の賃金総額の見込額×雇用保険率

　次ページに記載した、「株式会社ささき商事」についての労働保険料の設例を基に計算してみましょう。

● 令和3年度の概算保険料の計算（手順1）

　まず、**手順1**として、令和3年度に納付した保険料を確認しておきます。不動産業の労災保険率は、令和3年度は1000分の2.5でした。雇用保険料率については、不動産業の事業区分は「一般の事業」ですから、一般の事業の料率を使用します。令和3年度の保険料を計算する際には、令和4年度の料率ではなく、令和3年度の料率を使用します。令和3年度の一般の事業の雇用保険料率は、1000分の9です。

① 労災保険の保険料

　29,820千円×（2.5／1000）＝74,550円

② 雇用保険の保険料

29,820千円×（9／1000）=268,380円

③ 令和３年度の概算保険料額

74,550円＋268,380円＝342,930円

　したがって、株式会社ささき商事は令和３年度分の概算保険料として、令和３年度中に342,930円を納めたはずです。

● 令和３年度の確定保険料の計算（手順２）

　次に**手順２**として、令和３年度の確定した保険料額を計算します。確定保険料納付時には、概算保険料納付時と異なり、石綿健康被害救済法に基づく一般拠出金（一般拠出金率は業種問わず一律1000分の0.02）の納付が必要です。

① 労災保険の保険料

33,820千円×（2.5／1000）=84,550円

② 雇用保険の保険料

33,820千円×（9／1,000）=304,380円

③ 令和３年分の確定保険料額

84,550円＋304,380円＝388,930円

④ 一般拠出金

33,820千円×（0.02／1,000）=676円（小数点以下切り捨て）

● 令和４年度の概算保険料の計算（手順３）

　続いて**手順３**として、翌年、つまり令和４年度の概算保険料を計算します。

　令和４年度の概算保険料については、１年間に使用する労働者に支払う賃金総額の見込額を基に計算します。ただし、年度更新では、申告年度の賃金総額の見込額が前年度の賃金総額の100分の50以上100分の200以下、要するに半分以上２倍以下の場合には、前年度の賃金総

額をそのまま申告年度の賃金総額の見込額として使用することになっています。

株式会社ささき商事の令和4年度の賃金総額見込額である「33,820千円」は、令和3年度の確定賃金総額である「33,820千円」の100分の50以上100分の200以下ですから、令和3年度の実績賃金総額を基礎として、令和4年度の概算保険料を計算することになります。令和4年度の料率（不動産業の労災保険率は1000分の2.5、一般の事業についての雇用保険料率は1000分の13.5）を使用します。

① **労災保険の保険料**

33,820千円 × （2.5 ／ 1,000） ＝84,550円

② **雇用保険の保険料（令和4年度は年度途中で保険料率が変わるので、2期に分けて計算します）**

ⓐ16,910千円 × （9.5 ／ 1,000） ＝160,645円（令和4年4月1日から令和4年9月30日）

ⓑ16,910千円 × （13.5 ／ 1,000） ＝228,285円（令和4年10月1日から令和5年3月31日）

ⓐ160,645円 ＋ ⓑ228,285円 ＝388,930円

③ **令和4年分の概算保険料額**

84,550円 ＋ 388,930円 ＝473,480円

● それぞれの回の納付額を計算する

株式会社ささき商事の令和4年度の申告・納付の手続きを整理しましょう。まず、令和3年度の概算保険料として納付した額は342,930円ですから、確定した令和3年度の保険料額（確定保険料）388,930円に対して、46,000円不足しています。この不足額に一般拠出金676円を足した46,676円を、令和4年度の概算保険料の第1期納期限（7月11日）までに納付します。

また、令和4年度の概算保険料については、一括納付が原則ですが、

株式会社ささき商事は概算保険料が40万円以上ですから、労働保険事務組合に労働保険の事務処理を委託していなくても、労働保険料を3回に分割して納付することができます。473,480円は3では割り切れませんが、1円未満の端数は第1期に納付することになります。

　結局、それぞれの回の納付額は、第1期204,504円（157,828円＋46,000円＋676円）、第2期157,826円（10月31日が納期限）、第3期157,826円（翌年1月31日が納期限）となります。

■ 設例（株式会社ささき商事についての労働保険料）……………

> 株式会社ささき商事（不動産業、従業員数30人）の令和3年と令和4年の賃金総額は以下の通り。
> ・令和3年度見込額：29,820千円
> ・令和3年度実績額：33,820千円
> ・令和4年度見込額：33,820千円

■ 設例「株式会社ささき商事」の年度更新 ………………………

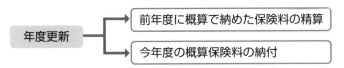

```
年度更新 ──┬──→ 前年度に概算で納めた保険料の精算
           └──→ 今年度の概算保険料の納付
```

● 設例の「株式会社ささき商事」の令和4年度の年度更新
　令和3年度：納付額が **4万6000円不足！**

➡ 一般拠出金、令和4年度の概算保険料とともに納付する
　（3回で分納する場合の納付金額は以下のとおり）

第1期（7/11まで）	第2期（10/31まで※）	3回目（1/31まで※）
204,504円	157,826円	157,826円

※ 労働保険事務組合に事務処理を委託する場合は、第2期11/14まで、第3期2/14まで

特別加入者の労災保険料

● 特別加入保険料の額はどうなっているのか

特別加入者（44ページ）が労災保険に加入する際に都道府県労働局長によって承認された給付基礎日額を365倍した額（特別加入保険料算定基礎額）の総額に第1〜3種特別加入保険料率を掛けた額となります。

特別加入保険料 ＝ 保険料算定基礎額の総額×第1〜3種特別
保険料率

---

① 第1種特別加入保険料は事業主とその家族が対象

中小事業主やその事業に従事している家族（家族従事者）などが特別に労災保険への加入を認められた場合の保険料です。特別加入保険料算定基礎額は、最低3,500円から最高25,000円までの範囲内で（次ページの図）、特別加入者本人が申請した額に基づき都道府県労働局長が承認した給付基礎日額に365を掛けた額となります。なお、第1種特別加入保険料率は一般の労災保険率と同じものを使用します。

② 第2種特別加入保険料は自営業者が対象

大工や左官などの一人親方や個人タクシーの運転手などのように個人で営業している者などが労災保険に加入する場合の保険料です。家内労働者については、2,000円、2,500円、3,000円、という額を算定基礎日額とすることもできます。第2種特別加入保険料率は従事する作業の種類によって異なり、1,000分の3から1,000分の52までの25種類が定められています。

③ 第3種特別加入保険料は海外派遣者が対象

　国内の事業から海外に派遣されている者が労災保険に加入する場合の保険料です。第3種特別加入保険料の額は、特別加入者本人が申請し、都道府県労働局長が承認した給付基礎日額（3,500円〜25,000円の範囲内）を365倍した額（特別加入保険料算定基礎額）の総額に第3種特別加入保険料率を掛けて計算します。第1種や第2種と異なり、第3種特別加入保険料だけは特別加入保険料率が定率になっていて、現在のところ、1,000分の3です。

■ 第1種・第2種・第3種特別加入保険料算定基礎額　…………

給付基礎日額	保険料算定基礎額
25,000円	9,125,000円
24,000円	8,760,000円
22,000円	8,030,000円
20,000円	7,300,000円
18,000円	6,570,000円
16,000円	5,840,000円
14,000円	5,110,000円
12,000円	4.380,000円
10,000円	3,650,000円
9,000円	3,285,000円
8,000円	2,920,000円
7,000円	2,555,000円
6,000円	2,190,000円
5,000円	1,825,000円
4,000円	1,460,000円
3,500円	1,277,500円
（第2種特別加入者のうち家内労働者のみ適用）	
3,000円	1,095,000円
2,500円	912,500円
2,000円	730,000円

資料　労災保険の料率

労 災 保 険 率 表

(単位：1／1,000)　　　　　　　　　　　　　　　　　　　　　　　　　　　　　（平成30年4月1日改定）

事業の種類の分類	業種番号	事業の種類	労災保険率
林業	02又は03	林業	60
漁業	11	海面漁業（定置網漁業又は海面魚類養殖業を除く。）	18
	12	定置網漁業又は海面魚類養殖業	38
鉱業	21	金属鉱業、非金属鉱業（石灰石鉱業又はドロマイト鉱業を除く。）又は石炭鉱業	88
	23	石灰石鉱業又はドロマイト鉱業	16
	24	原油又は天然ガス鉱業	2.5
	25	採石業	49
	26	その他の鉱業	26
建設事業	31	水力発電施設、ずい道等新設事業	62
	32	道路新設事業	11
	33	舗装工事業	9
	34	鉄道又は軌道新設事業	9
	35	建築事業（既設建築物設備工事業を除く。）	9.5
	38	既設建築物設備工事業	12
	36	機械装置の組立て又は据付けの事業	6.5
	37	その他の建設事業	15
製造業	41	食料品製造業	6
	42	繊維工業又は繊維製品製造業	4
	44	木材又は木製品製造業	14
	45	パルプ又は紙製造業	6.5
	46	印刷又は製本業	3.5
	47	化学工業	4.5
	48	ガラス又はセメント製造業	6
	66	コンクリート製造業	13
	62	陶磁器製品製造業	18
	49	その他の窯業又は土石製品製造業	26
	50	金属精錬業（非鉄金属精錬業を除く。）	6.5
	51	非鉄金属精錬業	7
	52	金属材料品製造業（鋳物業を除く。）	5.5
	53	鋳物業	16
	54	金属製品製造業又は金属加工業（洋食器、刃物、手工具又は一般金物製造業及びめっき業を除く。）	10
	63	洋食器、刃物、手工具又は一般金物製造業（めっき業を除く。）	6.5
	55	めっき業	7
	56	機械器具製造業（電気機械器具製造業、輸送用機械器具製造業、船舶製造又は修理業及び計量器、光学機械、時計等製造業を除く。）	5
	57	電気機械器具製造業	2.5
	58	輸送用機械器具製造業（船舶製造又は修理業を除く。）	4
	59	船舶製造又は修理業	23
	60	計量器、光学機械、時計等製造業（電気機械器具製造業を除く。）	2.5
	64	貴金属製品、装身具、皮革製品等製造業	3.5
	61	その他の製造業	6.5
運輸業	71	交通運輸事業	4
	72	貨物取扱事業（港湾貨物取扱事業及び港湾荷役業を除く。）	9
	73	港湾貨物取扱事業（港湾荷役業を除く。）	9
	74	港湾荷役業	13
電気、ガス、水道又は熱供給の事業	81	電気、ガス、水道又は熱供給の事業	3
その他の事業	95	農業又は海面漁業以外の漁業	13
	91	清掃、火葬又はと畜の事業	13
	93	ビルメンテナンス業	5.5
	96	倉庫業、警備業、消毒又は害虫駆除の事業又はゴルフ場の事業	6.5
	97	通信業、放送業、新聞業又は出版業	2.5
	98	卸売業・小売業、飲食店又は宿泊業	3
	99	金融業、保険業又は不動産業	2.5
	94	その他の各種事業	3
	90	船舶所有者の事業	47

第3章

労災保険のしくみ

労災保険とは

● 労災保険は仕事中・通勤途中の事故を対象とする

労働者災害補償保険（労災保険）は、就業中や通勤途中に発生した労働者のケガ、病気、障害、死亡に対して、迅速で公正な保護をするために必要な保険給付を行うことをおもな目的としています。また、その他にも負傷労働者やその遺族の救済を図るためにさまざまな社会復帰促進等事業を行っています。労災保険は労働者の稼得能力（働いて収入を得る能力）の損失に対する補てんをするために、必要な保険給付を行う公的保険制度ということになります。

労災保険は事業所ごとに適用されるのが原則です。本社の他に支社や工場などがある会社については、本社も支社も、それぞれ独自に労災保険に加入することになります。ただ、支店などで労働保険の事務処理を行う者がいないなどの一定の理由がある場合には、本社で事務処理を一括して行うこともできます。

● 1人でも雇うと自動的に労災保険が適用になる

労災保険は労働者を1人でも使用する事業を強制的に適用事業とすることにしています。つまり、労働者を雇った場合には自動的に労災保険の適用事業所になります。届出があってはじめて労災保険が適用されるわけではありません。ただし、個人経営の農林水産業の一部（次ページ図）では、従業員が家族だけという場合もあるため、事業主が申請し、厚生労働大臣の許可があって初めて、適用事業所と取り扱うことになります（暫定任意適用事業）。

労災保険が適用される労働者と保険料

　労災保険の対象となる労働者については、その事業所で労働者として働いている者すべてに労災保険が適用されます。労働者とは、正社員であるかどうかにかかわらず、アルバイト・日雇労働者や不法就労外国人であっても、賃金を支払われているすべての人が対象となります。労働者にあたるかどうかの判断は、①使用従属関係があるかどうかと、②会社から賃金（給与や報酬など）の支払いを受けているかどうかによって決まります。

　代表取締役などの会社の代表者は労働者ではなく、使用者であるため、原則として労災保険は適用されません。一方で、工場長や部長などの兼務役員については、会社の代表権をもたないことから、労災保険の適用があります。また、同居の親族は、使用従属関係があり、他の労働者と同じ就業実態がある場合は、適用されます。

　労災保険の保険料は、業務の種類ごとに、1000分の2.5～1000分の88まで定められています（40ページ）。保険料は全額事業主が負担しますので、給与計算事務において、労働者の給与から労災保険料を差し引くということはありません。

■ 暫定任意適用事業 ……………………………………………………

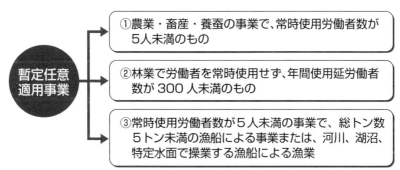

暫定任意適用事業

①農業・畜産・養蚕の事業で、常時使用労働者数が5人未満のもの

②林業で労働者を常時使用せず、年間使用延労働者数が300人未満のもの

③常時使用労働者数が5人未満の事業で、総トン数5トン未満の漁船による事業または、河川、湖沼、特定水面で操業する漁船による漁業

労災保険の適用対象

● 労災保険はすべての労働者に適用される

　労災保険は、労働者を保護するための保険です。正社員やパート、日雇労働者などの雇用形態は関係なく、労働者であればすべての労働者に適用されます。二つ以上の事業に雇用される複数就業者については、それぞれの事業場において労災保険が適用されます。また、派遣労働者については、派遣元の事業場において労災保険が適用されます。

　外国人労働者については、不法就労者（在留資格や就労資格がない外国人労働者）についても、労災保険の適用労働者となります。

● 個人事業主などは特別加入できる

　本来、労災保険が適用されない会社の代表者や個人事業主などであっても、現実の就労実態から考えて一定の要件に該当する場合には、例外的に特別に労災保険から補償を受けることができます。この制度を特別加入といいます。特別加入することができる者は、以下の①〜③の3種類に分けられています。

①　第1種特別加入者

　中小企業の事業主（代表者）とその家族従事者、その会社の役員が第1種特別加入者となります。ただ、中小企業（事業）の範囲を特定するために常時使用する労働者の数に制限があり、業種によって図（次ページ）のように異なります。

　第1種特別加入者として特別加入するためには、ⓐその者の事業所が労災保険に加入しており、労働保険事務組合に労働保険事務を委託していること、ⓑ家族従事者も含めて加入すること、が必要です。

② 第2種特別加入者

第2種特別加入者はさらに、ⓐ一人親方等、ⓑ特定作業従事者の2種類に分かれています。

ⓐ 一人親方等

個人タクシーや左官などの事業で、労働者を使用しないで行うことを常態としている者のことです。

ⓑ 特定作業従事者

農業の従事者など、災害発生率の高い作業（特定作業）に従事している者が特定作業従事者となります。

第2種特別加入者の特別加入のための要件は、ⓐとⓑ共通で、所属団体が特別加入の承認を受けていることが必要です。

③ 第3種特別加入者

海外に派遣される労働者（一時的な海外出張者を除く）については、日本国内の労災保険の効力が及ばないため、一定の条件を満たした場合に限り、労災保険に第3種特別加入者として加入する方法があります。海外派遣者が第3種特別加入者に該当するための要件は、派遣元の国内の事業について労災の保険関係が成立していることと、派遣元の国内の事業が有期事業でないことのいずれも満たすことです。

■ 第1種特別加入者として認められるための要件 ·················

業　　　種	労働者数
金融業・保険業・不動産業・小売業	50人以下
卸売業・サービス業	100人以下
その他の事業	300人以下

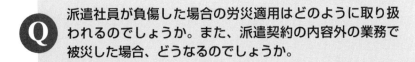

Q 派遣社員が負傷した場合の労災適用はどのように取り扱われるのでしょうか。また、派遣契約の内容外の業務で被災した場合、どうなるのでしょうか。

A 労働者派遣法では、労働基準法等について、派遣元事業主と派遣先事業主の適用関係を定めており、業務災害の補償責任は派遣元にあるとしています。したがって、派遣先業務で労災事故に被災して負傷した場合は、派遣元の労災保険が適用されます。

また、派遣契約の内容外の業務で労災事故にあった場合については、本来、労働者派遣法は派遣先に対して「派遣契約の定めに反することのないように適切な措置」を講ずるよう義務づけており、契約業務以外の仕事を派遣先が命ずることはできません。

ただし、派遣契約の内容外の業務であっても、派遣契約で決められた業務に付随する業務の処理にあたる際に被災したという場合であれば、派遣元の労災保険が適用されるべきものと考えます。

なお、労働者の従事する業務内容に何らかの変更が生じる場合、派遣労働者の同意を得ます。場合によっては労働者派遣契約の内容を変更することも必要になります。

Q 海外出張させる社員の労災保険はどうなるのでしょうか。

A 海外の支店や現地法人などに派遣されて働く社員は、国内の労災保険は適用されないのが原則です。海外勤務者で適用されるのは、出張中の社員だけです。そこで、本来であれば労災の適用を受けられない海外派遣者に、労災保険を特別に適用するための制度が「海外派遣労働者の特別加入」です。

国内の労災保険がそのまま適用される「海外出張」に該当するか、

特別加入が必要な「海外派遣」に該当するか、についてですが、「海外出張」とは、単に労働の提供の場が海外にあるにすぎず、国内の事業場に所属し、その事業場の使用者の指揮に従って勤務することです。一方、「海外派遣」とは、海外の事業場に所属し、その事業場の使用者の指揮に従って勤務することと定義されます。結局、勤務の実態によって総合的に判断されることになります。

　一般的に、技術習得のための海外赴任は「海外出張」として扱われますが、実態として「海外派遣」とすべき場合も考えられます。事前に所轄労働基準監督署と相談の上、処理するのがよいでしょう。

Q 本人が社員ではなく、請負として仕事をすることを希望しています。その場合の労災保険の適用はどうなるのでしょうか。

A　労災保険が、適用されるのはあくまで労働者です。
　労働者とは、①労働基準法の適用事業で使用されること、②他人から指揮命令を受けて使用される者であること、③賃金を支払われる者であること、の要件をすべて満たす者です。

　一方、請負とは、本来、仕事の完成を依頼し、完成した仕事に対して代金を支払う形態であり、注文者が請負業者の労働者を直接指揮命令することはできません。したがって、質問の請負がこうした内容であれば、労災保険の適用はないことになります。

　しかし、実際の就業内容はかなり多様化しているため、実態に即して判断されることになります。形式的に請負契約と称していても、上記の労働者の要件を満たしていれば、労働者性が認められ、労災保険の適用を受けることもあります。請負契約をかわす際には、これらの点をふまえ、明確な請負であれば、労災保険の適用がないことを双方で納得しておくことが大切です。

③ 業務災害とは

◉ 業務災害は仕事中に起きた事故

　労災保険は、業務災害と通勤災害を対象としています。

　業務災害とは、労働者の仕事（業務）中に起きた事故によるケガ、病気、障害、死亡のことです。業務上の災害といえるかどうかは、労働者が事業主の支配下にある場合（＝業務遂行性）、および、業務（仕事）が原因で災害が発生した場合（＝業務起因性）、という2つの基準で判断されます。たとえば、以下のようなときに起こった災害が業務災害として認められ、その判断は労働基準監督署が行います（複数業務要因災害の場合は、複数の事業の業務上の負荷を総合的に評価します）。

① 労働時間中の災害

　仕事に従事している時や、作業の準備・後片付け中の災害は、原則として業務災害として認められます。

　また、用便や給水などによって業務が一時的に中断している間についても事業主の支配下にあることから、業務に付随する行為を行っているものとして取り扱い、労働時間に含めることになっています。

② 昼休みや休憩中など業務に従事していないときの災害

　事業所での休憩時間や昼休みなどの業務に従事していない時間については、社内（会社の敷地内）にいるのであれば、事業主の支配下にあるといえます。ただし、休憩時間などに業務とは関係なく行った行為は個人的な行為としてみなされ、その行為によって負傷などをした場合であっても業務災害にはなりません。

　なお、その災害が事業場の施設の欠陥によるものであれば、業務に従事していない時間の災害であっても、事業用施設の管理下にあるものとして、業務災害となります。

③　出張中で事業所の外で業務に従事している場合

　出張中は事業主の下から離れているものの、事業主の命令を受けて仕事をしているため、事業主の支配下にあります。したがって、出張中の災害については、ほとんどの場合は業務中に発生したものとして、業務災害となります。

　ただし、業務時間中に発生した災害であっても、その災害と業務との間に関連性が認められない場合は、業務遂行性も業務起因性も認められず、業務災害にはなりません。たとえば、就業時間中に脳卒中などが発症し転倒して負傷したケースなどが考えられます。脳卒中が業務に起因していると認定されなければ、たとえ就業時間中の負傷であっても業務災害にはなりません。

● 業務上の疾病には災害性疾病と職業性疾病がある

　業務上の疾病には、下図のように2種類があります。

　災害性疾病とは、事故による負傷が原因で疾病になるもの、または、事故による有害作用で疾病になるもののことです。

　一方、職業性疾病とは、長期間にわたり有害作用を受けることによって徐々に発病する疾病のことです。たとえば、じん肺症、頸肩腕症候群、潜水病、皮膚疾患、中皮腫などです。アスベスト（石綿）と中皮腫の関係はその典型例といえます。

■ 業務上の疾病 ・・・

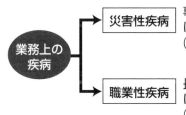

業務上の疾病

→ 災害性疾病：事故による負傷や有害作用により疾病になるもの
(例)機械の使用による事故、足場からの転落など

→ 職業性疾病：長期間にわたる有害作用を受けることにより徐々に発病する疾病のこと
(例)じん肺症、中皮腫など

Q 取引先である学習塾から直帰する途上で生じた事故は業務災害になるのでしょうか。

A 取引先で用務を終えて帰宅する途中の事故ですから、業務災害の認定に必要な業務遂行性と業務起因性はないといえます。

そこで、学習塾からの帰りが通勤災害に該当するかどうかです。問題となるのは、「就業の場所」です。就業の場所とは、事業を開始し、または終了する場所のことをいい、一般にはお勤めの会社ということになるでしょう。しかし、本来の業務を行う場所に限ったわけではありません。結論をいえば学習塾も就業の場所と認められます。通達において、物品を得意先に届けてその届け先から直接帰宅する場合、その物品の届け先は就業の場所とされているからです。

したがって、本件の事故は業務災害ではありませんが、通勤災害として認定されるものといえます。

 Q 派遣先で事故を起こした従業員に過失があるため、労災申請を認めたくないのですが、そのように取り扱ってよいでしょうか。

 A 労災について、災害発生の原因が労働者の故意の犯罪または重大な過失による場合は一部を支払われないことがあるとはいえ、それが業務災害である限り、労災保険から保険給付されます。

業務災害の認定基準である業務遂行性（労働者が労働契約に基づいて事業主の支配下にある状態）と業務起因性に照らして、労災保険が認められる事案であれば労災申請しなければなりません。

派遣事業の場合、災害補償の責任は派遣元にありますので、貴社の労災保険によって保険給付することになります。

Q 海外出張から帰国後にＡ型肝炎ウィルスで入院しました。このような場合、治療で労災保険を利用することはできるのでしょうか。

A 問題となるのは、Ａ型肝炎への感染が業務災害にあたるかどうかです。出張期間中の行為に際して発生した災害については、その行為が食事のように出張に当然または通常伴う範囲のものである限りは、一般的に業務遂行性も認められることとなります。業務起因性についてはどうでしょうか。Ａ型肝炎は、Ａ型肝炎ウイルスの感染によって発症するもので、ウイルスに汚染された飲食物を通して感染します。東南アジアはＡ型肝炎ウイルスの流行地域として知られており、この地域への出張がやむを得ないものであって、飲料水や食事により感染したことが明らかであれば、業務起因性も認められ、業務災害と認定されるでしょう。いずれにしても、十分な調査が必要であり、所轄の労働基準監督署に相談することが必要です。

Q 在宅勤務中に負傷した社員は業務災害となるのでしょうか。

A 厚生労働省が策定した「テレワークの適切な導入及び実施の推進のためのガイドライン」によると、自宅における私的行為が原因であるものを除いて、在宅勤務中に業務が原因で生じた災害は労災保険の給付の対象になるとしています。とはいえ、実際に事故が発生して労災認定を受けるためには、業務災害の認定基準である業務起因性（業務と傷病等との間に一定の因果関係がある場合）と業務遂行性が必要なことは通常勤務の場合と何ら変わりません。個々の事案について、調査の上、判断されることになります。災害発生状況等をできるだけ記録することが望ましいでしょう。

通勤災害とは

● 複数の事業所間の移動も通勤に含まれる

通勤災害とは、通勤途中に発生した災害のことです。たとえば、労働者が通勤途中の駅の階段で転び、ケガをした場合などが該当します。

通勤災害における通勤とは、①住居と就業の場所との間の往復であること、②厚生労働省令で定める就業の場所から他の場所への移動の間であること、③住居と就業の場所との間の往復に先行するもの、または、後続する住居間の移動であること、とされています。②の厚生労働省令で定める就業の場所とは、労災の適用事業所や暫定任意適用事業所、特別加入者にかかる就業の場所などのことをいい、複数の事業場で就労している者の事業所間の移動についてがこれに該当します。また、③の往復に先行するもの、または、後続する住居間の移動については、単身赴任者の赴任先住居と帰省先住居間の移動についてが該当します。

そして、上記の通勤が、①就業との関連性があること、②合理的な経路および方法であること、③業務の性質を有するものではないこと、の全ての要件に該当した場合に、通勤災害での保護の対象となります。なお、①の就業との関連性については、所定の業務開始時間とかけ離れた時間に会社に出勤する場合や、午後の遅番出勤者である労働者が、朝の早い時間に家を出るなどの場合は、就業との関連性がないものとされています。また、②の合理的な経路および方法とは、一般に労働者が用いるものと認められる通勤経路および通勤手段のことをいいます。③の「業務の性質を有するもの」とされる具体例としては、会社の提供するマイクロバスなどを利用して移動する場合などが該当します。業務の性質を有するものとされた移動については、通勤災害では

なく業務災害として解されることとなります。

●「寄り道」には適用されない

　通勤途中において、通勤とは無関係な目的のため通常の通勤経路からいったん外れることを逸脱といいます。また、通勤途中において、通勤とは無関係の行為を行うことを中断といいます。逸脱または中断の間とその後の移動は、日常生活上必要な行為であって、やむを得ない最小限度のものである場合を除き、通勤には含みません。なお、日常生活上必要な行為であって、やむを得ない最小限度のものである場合とは、①日用品の購入その他これに準ずる行為、②職業訓練や教育訓練、③選挙権の行使、④病院などで診察または治療を受ける行為、⑤要介護状態にある配偶者など一定の親族の介護（継続的または反復して行われるものに限る）が該当し、これらについては、逸脱または中断の間を除いて、通勤と認められます。

■ 逸脱・中断の取扱い ⋯⋯⋯⋯⋯⋯⋯⋯⋯⋯⋯⋯⋯⋯⋯⋯⋯⋯⋯⋯

これに対して、通勤途中で近くにある公衆トイレを使用する場合や駅構内でジュースを立ち飲む行為など、ささいな行為と認められる行為については、そのささいな行為を行っている時間も含めて、全ての移動時間が通勤時間と扱われます。

■ 通勤の定義 ……………………………………………………………

	例
「就業に関し」とは	・業務の終了後、事業場施設内でサークル活動などをした後に帰途につくような場合、就業と帰宅との直接的関連性を失わせるような事情がないときは就業との関連性が認められる ・遅刻やラッシュを避けるための早出など、通常の出勤時刻と時間的にある程度の前後があっても就業との関連は認められる
「住居」とは	・労働者が家族の住む自宅とは別に就業の場所の近くにアパートを借り、そこから通勤している場合には、自宅とアパートが住居となる ・単身赴任者で、通常は赴任地のアパートから通勤し、毎週末家族の住む自宅に帰って、月曜日にそこから直接出勤し、途中で事故にあったような場合でも、家族の住む自宅が「住居」に該当するものと認められる ・天災や交通ストライキなどのため、やむを得ず会社近くのホテルなどに泊まる場合は、そのホテルが住居となる
「就業の場所」とは	・得意先に届け物をしてから自宅に直接帰る場合のその得意先は就業の場所となる
「合理的な経路および方法」とは	・会社に届けてある鉄道、バスなどの通常利用する経路 ・経路の道路工事など当日の交通事情のために迂回する場合の経路 ・特段の理由もないのに著しく遠回りするような場合は合理的な経路とは認められない
「業務の性質を有するもの」とは （通勤災害ではなく業務災害となる）	・事業主の提供する専門交通機関（会社専用の送迎バスなど）を利用して行う出退勤は業務に含む ・突発的事故などによる緊急用務のため、休日に呼び出しを受け緊急出勤する場合は住居を出た時から業務に含む

※個別の事情により通勤災害と認められるかどうかの判断が分かれる場合もある

Q 出勤時に自宅敷地内のガレージで負傷した者については、労災保険の適用が認められるのでしょうか。

A どこからが住居の外なのか、換言すれば、住居と通勤径路の境界線はどこなのか、がポイントになります。本件は、一戸建てのお宅のようで、このような場合、住居と通勤径路との境界は「門（門扉）」とされます。したがって、庭や玄関口はあくまでも住居内であり、そこでの事故は通勤災害とは扱われません。敷地内にあるガレージでの事故も同様です。このような場合は労災事故とはならず、処理としては健康保険で手続していくことになるでしょう。

Q 通勤途中に子供を託児所に送り届けた後の交通事故であっても、労災保険の通勤災害に該当するのでしょうか。

A 「通勤」の経路から、逸脱または中断したとしても、例外として、それが日常生活上必要な行為であって、やむを得ない事由により行うための最小限度のものであれば、逸脱・中断後の往復は通勤と扱われます。帰途に夕食の買い物をしたり、クリーニング店に立ち寄る行為などです。

問題は、託児所にお子さんを送り届けたことが、こうした「日常生活上必要な行為」という例外に該当するかどうかです。夫婦共働きで他に子どもをみてくれる者がおらず、送迎の役割分担が夫婦間で明確になっており、送迎も通勤行為の流れに沿っているような場合は、該当するとすることに特段、問題はないといえます。

ただ、実際の運用はそこまで厳格ではないようです。送迎が保育園や幼稚園であっても、また通勤径路からして多少、遠回りであっても、時間的な関係に大きな問題がなければ、私的行為とはされずに通勤災害と認められるのではないでしょうか。

Q 通勤災害で休職中の者を解雇することはできるのでしょうか。

A 労働基準法の解雇制限規定は、「使用者は労働者が業務上負傷し、又は、疾病にかかり療養のため休業する期間及びその後30日間並びに産前産後の女性が第65条の規定によって休業する期間及びその後30日間は、解雇してはならない」という規定です（労働基準法19条1項）。解雇が制限されるのは、業務災害による傷病期間と、産前産後の休業期間に関するものであり、通勤災害によるものは含まれません。ですから、労災保険から休業給付を受給していても、労働基準法19条違反に問われることなく解雇できます。

しかし、解雇権濫用法理という考え方が裁判上確立しており、解雇が正当な理由なく行われた場合には解雇が無効とされることもあります（労働契約法16条）。つまり、①就業規則などの解雇事由に該当しているかどうか、②完治が見込めない場合でも企業規模などからみて従事可能な部署・職務への配置転換を検討・実施したか、③他の労働者と比較し不均衡な取扱いをしていないか、などの観点から解雇に正当な理由がないと判断された場合には、解雇権の乱用として解雇が認められないことになりますので注意が必要です。

Q 従業員が花見帰りに飲酒運転して負傷したのですが、労災保険が利用できないとなると、健康保険は利用できるのでしょうか。

A 花見は逸脱・中断行為にあたるため、その後の事故は通勤災害には該当しません。では、健康保険が使えるかというと、そう単純ではありません。健康保険では、「自己の故意の犯罪行為により、又は故意に給付事由を生じさせたときは、当該給付事由に係る

保険給付は行わない」という給付制限の規定があります。本来、健康保険の給付対象となる負傷や疾病は通常の日常生活を営む上で生じたものに限られるからです。

　飲酒運転については、仮に酩酊の程度が泥酔にまで至っていなくても、飲酒行為によって注意が散漫となり、危険に対する判断力が低下することは一般に認識されていることです。したがって、飲酒運転した上、スピード違反をしたということは、単なる過失を超えて故意があったと認定することができるでしょう。また、こうした故意による行為によって事故が発生することは社会通念上予想されることで、事故との間に相当因果関係も認められます。

　本件は、保険給付の全部が制限されるケースであり、治療費は全額自己負担になると考えられます。

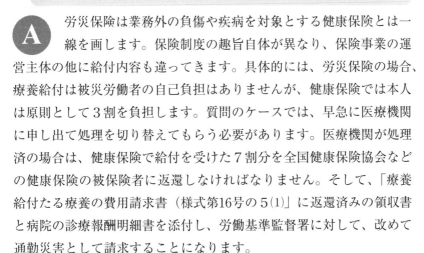

 従業員が通勤途中のケガに健康保険を使ってしまったようなのですが、このままにしておいて何か問題はありますか。

　労災保険は業務外の負傷や疾病を対象とする健康保険とは一線を画します。保険制度の趣旨自体が異なり、保険事業の運営主体の他に給付内容も違ってきます。具体的には、労災保険の場合、療養給付は被災労働者の自己負担はありませんが、健康保険では本人は原則として３割を負担します。質問のケースでは、早急に医療機関に申し出て処理を切り替えてもらう必要があります。医療機関が処理済の場合は、健康保険で給付を受けた７割分を全国健康保険協会などの健康保険の被保険者に返還しなければなりません。そして、「療養給付たる療養の費用請求書（様式第16号の５(1)」に返還済みの領収書と病院の診療報酬明細書を添付し、労働基準監督署に対して、改めて通勤災害として請求することになります。

5 労災保険の補償内容

● 労災保険の給付は業務災害と通勤災害に分かれている

　労働者災害補償保険の給付は、業務災害と通勤災害の2つに分かれています。

　業務災害と通勤災害は、給付の内容は基本的に変わりません。しかし、給付を受けるための手続きで使用する各提出書類の種類が異なります。

　業務災害の保険給付には、療養補償給付、休業補償給付、障害補償給付、遺族補償給付、葬祭料、傷病補償年金、介護補償給付、二次健康診断等給付の8つがあります。

　一方、通勤災害の保険給付には療養給付、休業給付、障害給付、遺族給付、葬祭給付、傷病年金、介護給付があります。

　これらの保険給付の名称を見ると、業務災害には「補償」という2文字が入っていますが、通勤災害には入っていません。これは、業務災害については、労働基準法によって事業主に補償義務があるのに対して、通勤災害の場合は、事業主に補償義務がないためです。

　たとえば、休業補償給付と休業給付は療養のため休業をした日から3日間は支給されません。この3日間を待期期間といいます。ただ、業務災害の場合は、上記のように労働基準法によって事業主に補償義務があるため、待期期間の3日間については休業補償をしなければなりません。一方で、休業給付については、通勤災害に起因することから、事業主は休業補償を行う必要はありません。

　なお、業務災害と通勤災害の保険給付の支給事由と支給内容はほとんど同じです。そこで、本書では、業務災害と通勤災害の保険給付をまとめて「○○（補償）給付」などと表記しています。

● 労災保険は社会復帰促進等事業も行っている

　労災保険では、業務災害または通勤災害による被災労働者やその遺族に対する各種の保険給付を行います。

　また、その他に被災労働者の社会復帰の促進、被災労働者やその遺族の援護、適正な労働条件の確保などのサービスも行っています。これが社会復帰促進等事業です。社会復帰促進等事業は大きく分けると社会復帰促進事業、被災労働者等援護事業、安全衛生・労働条件等の確保事業に分かれています。

■ 労災保険の給付内容 …………………………………………

目的	労働基準法の災害補償では十分な補償が行われない場合に国（政府）が管掌する労災保険に加入してもらい使用者の共同負担によって補償がより確実に行われるようにする	
対象	業務災害と通勤災害	
業務災害（通勤災害）給付の種類	療養補償給付（療養給付）	病院に入院・通院した場合の費用
	休業補償給付（休業給付）	療養のために仕事をする事ができず給料をもらえない場合の補償
	障害補償給付（障害給付）	傷病の治癒後に障害が残った場合に障害の程度に応じて補償
	遺族補償給付（遺族給付）	労災で死亡した場合に遺族に対して支払われるもの
	葬祭料（葬祭給付）	葬儀を行う人に対して支払われるもの
	傷病補償年金（傷病年金）	治療が長引き１年６か月経っても治らなかった場合に年金の形式で支給
	介護補償給付（介護給付）	介護を要する被災労働者に対して支払われるもの
	二次健康診断等給付	二次健康診断や特定保健指導を受ける労働者に支払われるもの

6 療養（補償）給付

● 療養（補償）給付には現物給付と現金給付がある

　労働者が仕事中や通勤途中にケガをしたときや、仕事が原因で病気にかかって病院などで診療を受けたときは、療養（補償）給付が支給されます。療養（補償）給付には、①療養の給付、②療養の費用の支給、の2種類の方式で行うことが認められています。

① 療養の給付

　労災病院や指定病院などの診察を無料で受けることができます。つまり、治療の「現物給付」になります。なお、本書では、労災病院と指定病院などをまとめて、「指定医療機関」といいます。

② 療養の費用の支給

　業務災害や通勤災害で負傷などをした場合の治療は、指定医療機関で受けるのが原則です。

　しかし、負傷の程度によっては一刻を争うような場合もあり、指定医療機関ではない近くの病院などにかけ込むことがあります。指定医療機関以外の医療機関では、労災保険の療養の給付による現物給付（治療行為）を受けることができないため、被災労働者が治療費を実費で立替払いをすることになります。

　この場合、被災労働者が立て替えて支払った治療費は、後日、労災保険から「療養の費用」として現金で支給を受けることができます。つまり、療養の費用は、療養の給付に替わる「現金給付」ということです。

● 指定医療機関は変更（転院）することができる

　業務災害や通勤災害によって負傷したために労災保険の指定医療機

関で治療を受けた場合、1回の治療では足らず、その後も治療のために何回か通院する必要があるケースや、症状によっては入院しなければならないケースがあります。

　通院または入院することとなった指定医療機関が自宅から近ければ問題はないものの、出張先で負傷して治療を受けた場合などのように指定医療機関が自宅から離れているときは、近くの指定医療機関に転院することができます。また、現在治療を受けている指定医療機関では施設が不十分なため、効果的な治療ができない場合などにも指定医療機関を変えることができます。

　指定医療機関を変更する場合は、変更後の指定医療機関を経由して所轄の労働基準監督署長に所定の届出を提出する必要があります。この届出を「療養補償給付及び複数事業労働者療養給付たる療養の給付を受ける指定病院等（変更）届」といいます。この届出を提出することで変更後の指定医療機関で引き続き労災保険による療養（補償）給付の現物給付（治療など）を受けることができます。

　なお、指定医療機関になっていない医療機関に転院する場合は、被災労働者のほうで治療費の全額をいったん立て替えて、後日、療養の費用の支給を受けます。

■ 労災から受けられる治療のための給付 ……………………………

療養（補償）給付

①療養の給付 … 現物給付
➡「治療行為」という現物をもらう

②療養の費用の支給 … 現金給付
➡ 後日かかった費用が支払われる

7 休業（補償）給付

● 休業（補償）給付は所得補償として支給される

　労働者が仕事中や通勤途中の災害で働くことができず、収入が得られない場合には、労災保険から休業（補償）給付の支給を受けることができます。

　休業（補償）給付は、療養中の労働者の生活保障（所得補償）を目的として支給されるものです。休業（補償）給付の支給額は、給付基礎日額の6割が支給されます。また、休業（補償）給付に加えて給付基礎日額の2割の特別支給金が支給されるため、合計としては給付基礎日額の8割の金額が被災労働者に支給されます。

　給付基礎日額は、その事業場で支払われている賃金額をもとにして決定されますが、複数事業労働者（事業主が同一ではない複数の事業場に同時に使用されている労働者）については、災害が起こった事業場の賃金額だけで給付基礎日額が決定されるのではなく、それぞれの事業場で支払われている賃金額を合算した金額をもとにして給付基礎日額が決定され、その6割が支給されることになります。

　休業（補償）給付 ＝ 給付基礎日額（複数事業労働者については、複数就業先に係る給付基礎日額に相当する額を合算した額）の60％× 休業日数

　休業特別支給金 ＝ 給付基礎日額（複数事業労働者については、複数就業先に係る給付基礎日額に相当する額を合算した額）の20％ × 休業日数

● 1日のうち一部分だけ働く場合

被災労働者の負傷の程度によっては、1日の所定労働時間のうち一部分だけ働き、その分について賃金の支給を受けることができる場合があります。そのような場合、休業（補償）給付の支給額が減額支給されます。

1日のうち一部分だけ働いて賃金の支払いを受けた場合の支給額は、1日当たり「（給付基礎日額－労働に対して支払われる賃金額）×60％」という式によって算出します。

たとえば、給付基礎日額が1日1万円の労働者が被災した場合の休業（補償）給付を計算します。この労働者が午前中のみ働いて5,000円の賃金を受けることができた場合、労災保険は1日当たり3,000円（＝（10,000円－5,000円）×60％）が支給されます。なお、複数事業労働者は、各事業場での判断になります。

● 3日間の待期期間がある

休業（補償）給付は、療養のため労働することができずに賃金を受けられない日の4日目から支給されます。療養のため労働することが

■ 休業（補償）給付のしくみ（一の事業場にのみ使用されている労働者の場合）

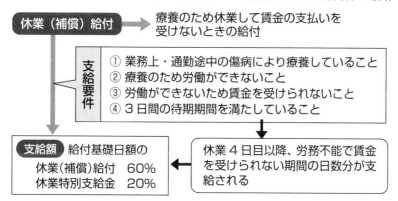

できなかった最初の3日間を待期期間（待機ではなく待期）といい、休業（補償）給付の支給がありません。待期期間は連続している必要はなく、通算して3日間あればよいことになっています。待期期間の3日間については、業務災害の場合、事業主に休業補償の義務があります。複数事業労働者の場合は、被災した事業場の事業主の義務になります。

　待期期間の3日間を数えるにあたり、労働者が所定労働時間内に被災し、かつ被災日当日に療養を受けた場合は、被災日当日を1日目としてカウントします。しかし、所定労働時間外の残業時間中などに被災した場合は、たとえ被災日当日に療養を受けたとしても被災日の翌日を1日目とします。

　なお、休業（補償）給付の受給中に退職した場合は、要件を充たす限り支給が続きます。ただ、療養の開始後1年6か月が経った時点でその傷病が治っていない場合には、傷病（補償）年金に切り替えられる場合があります。

　また、事業所では業務災害によって労働者が死亡し、または休業したときは、「労働者死傷病報告書」という書類を所轄労働基準監督署に提出しなければなりません。

■ 複数事業労働者の賃金額合算 ……………………………………

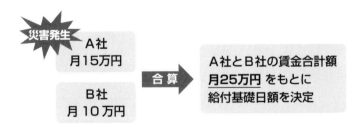

災害発生事業場であるA社のみではなく、B社の賃金額も合算して計算する

● 給付基礎日額は労働者の１日当たりの稼得能力

　労災保険の休業（補償）給付を算出する場合に計算の基礎とした労働者の賃金の平均額を給付基礎日額といいます。給付基礎日額は労働者の一生活日（休日なども含めた暦日のこと）当たりの稼得能力を金額で表したものです。給付基礎日額とは、通常、次の①の原則の計算方法によって算出された平均賃金に相当する額のことです。ただ、原則の計算方法で給付基礎日額を計算することが不適切な場合は、①以外の②〜⑤のいずれかの方法によって計算することになります。

①　原則の計算方法

　事故が発生した日以前３か月間にその労働者に実際に支払われた賃金の総額を、その期間の暦日数で割った金額です。ただ、賃金締切日があるときは、事故が発生した直前の賃金締切日からさかのぼった３か月間の賃金総額になります。

②　最低保障平均賃金

　労働者の賃金が日給、時間給、出来高給の場合は、平均賃金算定期間内に支払われた賃金総額を、その期間中に実際に労働した日数（有給休暇を含みます）で割った額の60％の額と①の原則の計算方法で計算した額のいずれか高いほうの額となります。

③　原則の計算方法と最低保障平均賃金の混合した平均賃金

　賃金の一部が月給制で、その他に時給制で支給されている賃金がある場合などに用いる計算方法です。月給制の賃金は①の原則の計算方法で計算し、時給制などの賃金は②の最低保障平均賃金で計算します。そして、両方の額を合算した額と①の原則の計算方法で計算した額とを比較して、高いほうの額を給付基礎日額とします。

④　算定期間中に私傷病による休業期間がある場合

　私傷病によって休業した期間の「日数」とその休業期間中に支払われた「賃金額」を控除して算定した額と、①の原則の計算方法で計算した額を比較していずれか高いほうの額を給付基礎日額とします。

⑤　給付基礎日額の最低保障額

　算定された給付基礎日額が3,970円（令和4年8月1日から支給事由
が生じたもの）に満たない場合は、3,970円が給付基礎日額になります。

■ 給付基礎日額の算出例 ·······································

【原則式】…賃金締切日が 20 日の場合

事故日7/3

| | 暦日数
31日 | | 暦日数
30日 | | 暦日数
31日 | | |
| 3/20 | | 4/20 | | 5/20 | | 6/20 | | 7/20 |

| 3月分賃金
25万円 | 4月分賃金
28万円 | 5月分賃金
33万円 | 6月分賃金
31万円 | 7月分賃金
29万円 |

事故が発生した直前の賃金締切日からさかのぼって3か月間の賃金で計算する

$$① \quad 給付基礎日額 = \frac{4月賃金総額 + 5月賃金総額 + 6月賃金総額}{3か月の暦日数}$$

$$= \frac{28万円 + 33万円 + 31万円}{31日 + 30日 + 31日} = 10,000円※$$

※3,970円に満たない場合は3,970円とする

【最低保障平均賃金】…労働者が日給、時給、出来高払給の場合

$$② \quad 給付基礎日額 = \frac{4月賃金総額 + 5月賃金総額 + 6月賃金総額}{上記3か月で実際に労働した日数（有給休暇を含む）} × 60\%$$

①と②の高い方を給付基礎日額とする

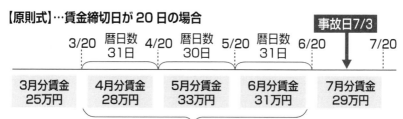

月給制の賃金と時給制の賃金が混在する場合

賃　金	基本給(時給)	1,000円/時	②で計算
	時間外手当	1,250円/時	
	皆勤手当	5,000円/月	①で計算
	通勤手当	4,100円/月	

この①、②の合計と
すべて①で計算した
場合の額を比較し、
高い方を採用する

Q もうすぐ退職する労働者が通勤災害で休業給付を受給しているのですが、退職すると労災保険の給付は打ち切られてしまうのでしょうか。

A 労災保険の受給権は、労働者が退職することで消滅することはありません。つまり、業務災害によって負傷し、休業補償給付を受給している場合に退職しても引き続き、保険給付は受けることができます。通勤災害の場合の休業給付も業務災害の休業補償給付と同じ扱いと考えてください。この点で、労災保険の給付は、退職後の継続給付について一定の要件を必要とする健康保険の傷病手当金と異なります。

事業主としては、労働者が退職する際、以下の場合のように、支給が消滅するケースや支給が切り替わるケースがあることを伝えておくのがよいかもしれません。

休業（補償）給付の支給は、症状が治ゆ（症状が固定し、回復する見込のない状態）した場合には消滅する可能性があります。また、労働者が療養を開始してから1年6か月を経過しても治らず、かつ、傷病による障害の程度が傷病等級に該当する場合、「傷病（補償）年金」に切り替わります。この決定は、所轄の労働基準監督署長の職権で行われますので、請求手続きは不要です。ただ、療養開始後1年6か月を経過しても傷病が治っていないときは、その後1か月以内に「傷病の状態等に関する届」を所轄の労働基準監督署長に提出しなければなりません。

Q 休業期間中の最初の3日間については通勤災害の場合も会社側が補償しなければならないのでしょうか。

A この質問については、労災保険法の休業補償給付と休業給付の違いを見ていくことになります。休業補償給付は、業務災

害で負傷し、または疾病にかかって休業を余儀なくされた場合の保険給付であり、その法的な根拠は労働基準法の事業主の災害補償責任にあります。本来、事業主が平均賃金の60％を補償すべきところを、事業主が全額保険料を負担する労災保険制度がそれに相当する額を給付するというものです。ただし、最初の３日間は待期期間として制度からは支給されないため、事業主が労働基準法に戻って補償しなければなりません。これに対して休業給付は、本件のように通勤災害の場合の給付です。もともと労働基準法の災害補償を担保するための給付ではなく、事業主の補償責任とは無関係です。したがって、待期期間について被災労働者に休業給付相当額を支給する義務はありません。

 休業補償給付の給付基礎日額はどのように算定するのでしょうか。

労災保険の休業（補償）給付を算出する場合に計算の基礎とした労働者の賃金の平均額を給付基礎日額といいます。給付基礎日額は労働者の一生活日（休日なども含めた暦日のこと）あたりの稼得能力（収入を得る能力のこと）を金額で表したものです。

給付基礎日額は原則として事故が発生した日以前３か月間にその労働者に実際に支払われた賃金の総額をその期間の暦日数で割った金額です。ただし、原則の計算方法で給付基礎日額を計算すると金額が低くなってしまうなど不適切な場合には別の計算方法で算出します。

たとえば、労働者の賃金が日給、時間給、出来高給の場合は、平均賃金算定期間内に支払われた賃金総額を、その期間中に実際に労働した日数（有給休暇を含みます）で割った額の60％の額と①の原則の計算方法で計算した額のいずれか高いほうの額となります。

傷病（補償）年金

● 労基署長の職権で支給決定される

　傷病（補償）年金は、労災保険の他の給付と異なり、労働者からの請求により支給がなされる給付ではありません。傷病（補償）年金は一定の要件に該当する場合に所轄労働基準監督署長の職権で支給決定する給付（年金）です。

　傷病（補償）年金は、仕事中（または通勤途中）の傷病（ケガまたは病気）によって、労働者が療養を開始後1年6か月経過した日、またはその日以後に、次のいずれにも該当する場合に支給されます。

①　その傷病が治っていないこと

②　傷病の障害の程度が傷病等級の1級～3級に該当すること

　療養開始後1年6か月を経過しても障害の程度が傷病等級に該当しない場合は、傷病（補償）年金は支給されずに、休業（補償）給付（61ページ）が支給されることになります。

　傷病（補償）年金が支給されることになった場合、同時に特別支給金も支給されることになります。支給される特別支給金は、傷病特別支給金と傷病特別年金です。

　傷病特別支給金は該当する傷病等級に応じて定額（114万円、107万円、100万円のいずれかの額）の一時金が支給されるものです。傷病特別年金は該当する傷病等級に応じて年金を支給するものです。傷病（補償）年金の支給決定は実務上、療養開始後1年6か月を経過した日から1か月以内に被災労働者が「傷病の状態等に関する届」という書類を所轄労働基準監督署（長）に提出することによって行います。

■ 傷病（補償）年金のしくみ ‥‥‥‥‥‥‥‥‥‥‥‥‥‥‥‥‥‥

| 傷病（補償）年金 |→| 業務上の傷病が１年６か月経過後も治っておらず、傷病による障害の程度が一定の障害等級に該当しているときに支給 |

労働者が請求
するのではなく → 労働基準監督署長の決定
により支給

年金給付が支給される

傷病等級	傷病（補償）年金	傷病特別支給金	傷病特別年金
第1級	給付基礎日額の313日分	114万円	算定基礎日額の313日分
第2級	給付基礎日額の277日分	107万円	算定基礎日額の277日分
第3級	給付基礎日額の245日分	100万円	算定基礎日額の245日分

■ 傷病（補償）年金のための傷病等級表 ‥‥‥‥‥‥‥‥‥‥‥

傷病等級	給付の内容	障 害 の 状 態
第1級	当該障害の状態が継続している期間１年につき給付基礎日額の313日分	(1) 神経系統の機能又は精神に著しい障害を有し、常に介護を要するもの (2) 胸腹部臓器の機能に著しい障害を有し、常に介護を要するもの (3) 両眼が失明しているもの (4) そしゃく及び言語の機能を廃しているもの (5) 両上肢をひじ関節以上で失ったもの (6) 両上肢の用を全廃しているもの (7) 両下肢をひざ関節以上で失ったもの (8) 両下肢の用を全廃しているもの (9) 前各号に定めるものと同程度以上の障害の状態にあるもの
第2級	同 277日分	(1) 神経系統の機能又は精神に著しい障害を有し、随時介護を要するもの (2) 胸腹部臓器の機能に著しい障害を有し、随時介護を要するもの (3) 両眼の視力が0.02以下になっているもの (4) 両上肢を腕関節以上で失ったもの (5) 両下肢を足関節以上で失ったもの (6) 前各号に定めるものと同程度以上の障害の状態にあるもの
第3級	同 245日分	(1) 神経系統の機能又は精神に著しい障害を有し、常に労務に服することができないもの (2) 胸腹部臓器の機能に著しい障害を有し、常に労務に服することができないもの (3) 一眼が失明し、他眼の視力が0.06以下になっているもの (4) そしゃく又は言語の機能を廃しているもの (5) 両手の手指の全部を失ったもの (6) 第１号及び第２号に定めるものの他、常に労務に服することができないものその他前各号に定めるものと同程度以上の障害の状態にあるもの

障害（補償）給付

● 障害（補償）給付は後遺症に対して支給される

　労働者が業務上（または通勤途中）負傷し、または病気にかかった場合、そのケガまたは病気が治った（治癒）としても障害が残ってしまうこともあります。そのような場合にその障害の程度に応じて支給される労災保険の給付が障害（補償）給付です。ここでいう「治ったとき」とは、完治や全快ということではなく、傷病の症状が安定して、これ以上治療を行っても治療の効果が期待できなくなった状態になったことを意味します。

● 障害（補償）給付は14種類に区分される

　障害の程度によって１〜14等級の障害等級に分かれます。第１級から第７級に該当した場合には障害（補償）年金が支給されます。第８級から第14級に該当した場合には障害（補償）一時金が支給されます。

　第１級〜第７級の場合は給付基礎日額の313日〜 131日分の障害（補償）年金、第８級〜第14級の場合は給付基礎日額の503日〜 56日分の障害（補償）一時金が支給されます。

　また、障害（補償）年金が支給される者には障害特別支給金と障害特別年金が支給され、障害（補償）一時金が支給される者には障害特別支給金と障害特別一時金がそれぞれ支給されます。

● 前払一時金の制度もある

　治癒直後においては、一時的に資金を必要とすることも多く、被災労働者や家族の要求に応えるために、障害（補償）年金受給権者の請求に基づいて、一定額までまとめて前払いする障害（補償）年金前払

一時金の制度が設けられています。

　また、障害（補償）年金を受けていた労働者が受給開始直後に死亡した場合、障害（補償）年金前払一時金の支給額まで受け取っていないという不公平なケースもあり得ます。そこで、その遺族に対して、障害（補償）年金前払一時金の最高額とすでに支給された年金額もしくは一時金の差額を、障害（補償）年金差額一時金として支給する制度もあります。

■ 障害（補償）給付の支給額

障害等級	障害（補償）年金		障害特別支給金		障害特別年金
第1級		給付基礎日額の313日分		342万円		算定基礎日額の313日分
第2級		給付基礎日額の277日分		320万円		算定基礎日額の277日分
第3級	年金	給付基礎日額の245日分	一時金	300万円	年金	算定基礎日額の245日分
第4級		給付基礎日額の213日分		264万円		算定基礎日額の213日分
第5級		給付基礎日額の184日分		225万円		算定基礎日額の184日分
第6級		給付基礎日額の156日分		192万円		算定基礎日額の156日分
第7級		給付基礎日額の131日分		159万円		算定基礎日額の131日分

障害等級	障害（補償）一時金		障害特別支給金		障害特別一時金
第8級		給付基礎日額の503日分		65万円		算定基礎日額の503日分
第9級		給付基礎日額の391日分		50万円		算定基礎日額の391日分
第10級	一時金	給付基礎日額の302日分	一時金	39万円	一時金	算定基礎日額の302日分
第11級		給付基礎日額の223日分		29万円		算定基礎日額の223日分
第12級		給付基礎日額の156日分		20万円		算定基礎日額の156日分
第13級		給付基礎日額の101日分		14万円		算定基礎日額の101日分
第14級		給付基礎日額の 56日分		8万円		算定基礎日額の 56日分

障害（補償）給付

障害等級1〜7級に認定

障害等級8〜14級に認定

⑩ 介護補償給付

● 介護(補償)給付を受けられる場合とは

　業務災害や通勤災害で、一定の障害が残ってしまった場合、障害（補償）年金や傷病（補償）年金が支給されます。しかし、障害の程度によっては介護が必要になる場合があり、障害（補償）年金などでは不十分で、介護費用の負担が増大する恐れがあります。また、近年では核家族化などにより家族間での介護ではなく民間の介護事業所から介護サービスを受けることも増え、さらに費用負担が大きくなる可能性があります。

　そこで、介護（補償）給付を設け介護に要した費用を労災保険の中から給付できるようにしました。

　具体的に、介護（補償）給付の対象者は、障害（補償）年金または傷病（補償）年金の1級と2級の受給権者で常時または随時介護を受けている必要があります。ただし、2級の受給権者は、精神神経・胸腹部臓器に障害をもつ受給権者に限られます。介護を行う者は、民間の有料の介護サービスだけに限定されず、親族、友人などによって介護を受けている場合も含まれます。

　また、受給権者が①障害者支援施設（生活介護を受けている場合）、②特別養護老人ホームまたは原子爆弾被爆者特別養護ホーム、③介護老人保健施設、介護医療院、④病院または診療所に入所している間は、十分な介護サービスが受けられているものと考えられるため、支給対象にはなりません。

● 介護(補償)給付には上限と下限がある

　給付は月を単位として支給されます。支給額は、受給対象者が常時

介護を受けているか随時介護を受けているかによって異なります。親族などによる介護の有無によっても異なります。

① 受給対象者が常時介護を必要とする場合

　民間の介護サービスを利用した場合には171,650円を上限として実際の支出に応じた介護費用が支給されます。親族などが介護を行った場合には、現実に支出した費用が73,090円未満の場合には、費用が発生していなくても一律73,090円が支給されます。73,090円を上回って費用を支出した場合は、171,650円を上限として、その額が支給されます。

② 受給対象者が随時介護を必要とする場合

　民間の介護サービスを利用した場合には85,780円を上限として実際の支出に応じた介護費用が支給されます。親族などが介護を行った場合には、現実に支出した費用が36,500円未満の場合には、費用が発生していなくても一律36,500円が支給されます。36,500円を上回って費用を支出した場合は、85,780円を上限として、その額が支給されます。

■ 介護補償給付 ···

介護（補償）給付

常時介護必要
① 民間の介護サービスを利用する場合
　…実費（上限 171,650 円）
② 親族などが介護を行う場合で支出した額が 73,090 円未満
　…一律 73,090 円
③ 親族などが介護を行う場合で支出した額が 73,090 円以上
　…支出した額（上限 171,650 円）

随時介護必要
① 民間の介護サービスを利用する場合
　…実費（上限 85,780 円）
② 親族などが介護を行う場合で支出した額が 36,500 円未満
　…一律 36,500 円
③ 親族などが介護を行う場合で支出した額が 36,500 円以上
　…支出した額（上限 85,780 円）

遺族（補償）給付

遺族（補償）給付は遺族の生活保障を目的とする

労働者が仕事中（業務上）または通勤途中に死亡した場合に、残された遺族の生活保障を目的として支給されるのが労災保険の遺族（補償）給付です。

遺族（補償）年金の受給資格者がいる場合には、その者に遺族（補償）年金が支給されます。遺族（補償）年金の受給資格者がいない場合や、遺族（補償）年金の受給資格者はいるがその権利が消滅し、他に年金を受け取る遺族がいない場合には、一定の遺族に遺族（補償）一時金が支給されます。

受給権者だけが給付を受けられる

遺族（補償）年金を受ける権利のある遺族を「受給資格者」といいます。

受給資格者になることができる遺族は、労働者の死亡当時にその労働者の収入によって生計を維持していた配偶者、子、父母、孫、祖父母、兄弟姉妹です。この場合の配偶者には事実上婚姻関係（内縁関係）と同様の事情にある者を含みます。また妻以外の遺族については、18歳未満であることや一定の障害状態にあることなどの要件があります。なお、18歳未満というのは、18歳になってから最初の3月31日までの者を指します。

これらの受給資格者のうち、最も先順位の者（遺族）だけが受給権者となって、実際に遺族（補償）年金を受給することになります。

なお、労働者が労災事故で死亡した場合、受給権者（遺族）は給付基礎日額の最高1,000日分まで（200日単位）の希望する額の一時金を

前払いで請求することができます。これを遺族（補償）年金前払一時金といいます。

● 受給権者が２人以上のときは等分して支給される

　労災で亡くなった労働者の遺族に対しては、遺族（補償）年金が支給されますが、遺族（補償）年金は遺族の数に応じて支給額が変わります。受給権者が２人以上あるときは、遺族（補償）年金の支給額を等分した額がそれぞれの受給権者に支給されます。さらに、特別支給金として遺族特別支給金（一時金）と遺族特別年金が支給されます。

　ただ、遺族は誰でもよいわけではありません。続柄や年齢などの制限があり、受給権の順位も決まっていて、最先順位の遺族だけに支給されます。最先順位の遺族が死亡や婚姻などにより受給権者でなくなったときは、次順位の遺族が受給することになります。これを転給といいます。

■ 遺族（補償）給付 ……………………………………………………

生計維持の人数	遺族（補償）年金		遺族特別支給金[2]		遺族特別年金[2]	
1人	年金	給付基礎日額の153日分	一時金	300万円	年金	算定基礎日額の153日分
		給付基礎日額の175日分[1]				算定基礎日額の175日分
2人		給付基礎日額の201日分				算定基礎日額の201日分
3人		給付基礎日額の223日分				算定基礎日額の223日分
4人以上		給付基礎日額の245日分				算定基礎日額の245日分

※1　55歳以上の妻、または一定障害の妻の場合の支給日数です。
※2　遺族特別支給金、遺族特別年金というのは遺族（補償）年金に加えて行われる給付です。
　　 遺族特別年金の支給額の単位となる算定基礎日額は、原則として１年間に支払われた
　　 賞与の総額を基にして決定します。

12 葬祭料

● 葬祭料は遺族や葬儀を行った者に支給される

葬祭料（葬祭給付）は、労働者が業務上または通勤途中に死亡した場合に、死亡した労働者の遺族に対して支給されます。

業務上の災害などで死亡した場合の給付を「葬祭料」、通勤途中の災害などで死亡した場合の給付を「葬祭給付」といいます。

葬祭料（葬祭給付）の支給対象者は、実際に葬祭を行う者で、原則として死亡した労働者の遺族です。

ただし、遺族が葬儀を行わないことが明らかな場合には、実際に葬儀を行った友人、知人、近隣の人などに支払われます。

また、社葬を行った場合は、会社に対して葬祭料が支給されます。なお、葬祭を行う遺族がいないわけではなく、会社が「恩恵的、功労的趣旨」で社葬を行った場合には、葬祭料は会社ではなく遺族に支払われます。

葬祭料（葬祭給付）は、次の①と②の２つを比較していずれか高いほうの金額が支給されます。

① 315,000円＋給付基礎日額の30日分
② 給付基礎日額の60日分

● 葬祭料はどのように請求するのか

葬祭料（葬祭給付）を実際に請求する場合は、死亡した労働者が勤めていた事業所の所轄労働基準監督署に「葬祭料又は複数事業労働者葬祭給付請求書」または「葬祭給付請求書」を提出します。死亡した労働者の住所地の管轄労働基準監督署ではないので注意が必要です。

葬祭料（葬祭給付）を請求する場合の添付書類には、死亡診断書や

死体検案書などがあり、労働者の死亡の事実と死亡年月日を確認するための書類となります。なお、葬祭料（葬祭給付）は、あくまでも労働者の死亡に対して支給される給付であるため、葬祭を執り行った際にかかった費用の額を証明する書類の提出などは必要ありません。

● 遺族補償年金との関係は

　葬祭料（葬祭給付）の支給要件は、「労働者が業務上または通勤途中に死亡した場合」です。そのため、たとえ傷病（保障）年金を受給している労働者が死亡した場合でも、その死亡理由が「私的な疾病」などによる場合は、葬祭料（葬祭給付）は支給されません。

　また、葬祭料（葬祭給付）の請求は、遺族（補償）給付と同じ時期に行う必要はありません。ただし、遺族（補償）給付の請求書をすでに提出している場合は、労働者の死亡に関する証明書類を提出していることになるため、改めて提出する必要はありません。なお、葬祭料（葬祭給付）の請求者が、必ずしも遺族（補償）給付の受給権利を持つ者である必要はありません。

■ 葬祭料・葬祭給付の請求 ……………………………………………

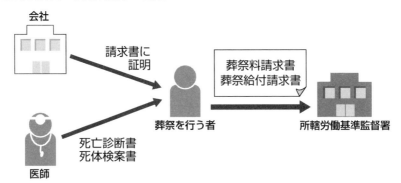

会社

請求書に
証明

葬祭料請求書
葬祭給付請求書

葬祭を行う者

所轄労働基準監督署

死亡診断書
死体検案書

医師

⑬ 二次健康診断等給付

● 二次健康診断等給付は労災予防のためにある

近年、会社などの定期健康診断によって身体に何らかの異常が発見されるなど、健康に問題を抱える労働者が増えています。また、業務によるストレスや過重な労働により、脳血管疾患や心臓疾患などを発症し、死亡または障害状態になったとして労災認定される件数も増えてきています。

そこで、労災保険では、あらかじめ医師による検査や指導を受けることができる給付を設けました。これが「二次健康診断等給付」です。

二次健康診断等給付は、社会問題にもなった過労死の最大の原因とされる生活習慣病（従来の成人病）の発症を予防することを目的として、2001年に始まった制度です。

会社などでの定期健康診断（一次健康診断）の結果、①肥満、②血圧、③血糖、④血中脂質の4つの項目すべてに異常の所見（医師のコメント）が認められた場合に、二次健康診断や特定保健指導を受けることができます。

● 二次健康診断等給付の診断

二次健康診断等給付では、指定医療機関になっている病院・診療所で健康診断や指導などを無料で受けることができます（現物給付）。

健康診断とは、脳血管や心臓の状態を把握するために必要な医師による検査のことです。一方、二次健康診断等給付で行われる指導とは、前述の医師による検査の結果に基づいて行われる指導です。これを特定保健指導といい、医師または保健師が面接によって行います。特定保険指導では、二次健康診断の結果に基づき、脳血管疾患及び心臓疾

患の発生の予防を図るために医師または保健師による面接により、栄養指導、運動指導、生活指導が行われます。

　なお、会社の定期健康診断などの前にすでに脳・心臓疾患の病状があった労働者については、二次健康診断等給付の対象とはなりません。

● 二次健康診断等給付の請求手続き

　二次健康診断等給付の請求は、労働者本人が労災指定病院に対して行いますが、給付請求書には事業主の証明が必要になります。二次健康診断等給付を受けようとする医療機関（病院など）を経由して所轄都道府県労働局に、二次健康診断等給付請求書を提出します。

■ 二次健康診断等給付の概要 ………………………………………

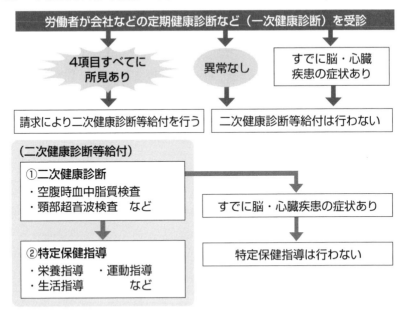

スライド制と年金の支給方法

● 年金給付にはスライド制が適用される

　労災保険の給付は、被災した労働者が失った稼得能力を補てん（埋め合わせ）することを目的としています。そのため、被災した時点でその労働者がどの程度の所得であったかを基準として、給付の水準（額）が決まることになります。

　しかし、年金給付のように何年もの長期にわたって給付するものについては、被災時の賃金によって補てんを続けていけば、物価変動などの時間の経過による賃金水準の変動が反映されず、実質的な稼得能力に反映されないことになります。このような不都合をなくし、給付水準を適正にするために設けられた制度がスライド制です。

　労災保険の年金給付については、被災労働者の被災時点の平均賃金額にスライド率を掛けて算出される額に給付日数などを掛けた額を実際の給付額（年金額）とします。

● 年齢階層別の最低・最高限度額

　スライド制によって、物価変動などの時間の経過が給付額に反映されます。しかし、年齢によって必要となる給付額は異なります。そこで、年齢階層別に最低・最高限度額が設定されています。つまり、スライド制と年齢階層別の最低・最高限度額の制度によって、療養の長期化に対する所得の補てんが行われています。

● 年金の支払期月は偶数月である

　労災の年金としての保険給付は、月単位で支給がなされます。年金は支給すべき事由の生じた月の翌月から支給を受ける権利が消滅した

月まで支給されることになっています。また、年金の支給を停止する事由が生じたときは、その事由が生じた月の翌月から支給を停止する事由の消滅した月まで支給が停止されます。

　なお、年金としての保険給付の支払期月は、毎年2月、4月、6月、8月、10月、12月の偶数月（年6回）になっています。それぞれの支給月について、前月分までの2か月分が支給されます。たとえば、2月に支給を受けることになるのは、前年の12月分とその年の1月分の年金ということになります。ただ、支給を受ける権利が消滅した場合は、その月までの分について、支払期月でない月でも支給されることになります。

● 年金計算の端数処理

　年金の給付基礎日額は、原則として、労働基準法12条の平均賃金に相当する額とされていますが、給付基礎日額に1円未満の端数がある場合はこれを切り上げることになっています。また、保険給付の支給金額について、1円未満の端数が生じた場合は、その端数について切り捨てることになっています。

■ スライド制と年齢階層別の最低・最高限度額 ･･･････････････

給付
基礎日額

スライド制
物価変動など時間の経過による変動を反映

年齢階層別の最低・最高限度額
年齢によって必要となる給付額の限度を反映

未支給の保険給付、死亡の推定、受給欠格

● 未支給のまま死亡した場合は遺族が請求できる

　労災保険の保険給付を受ける権利のある者が死亡した場合、その死亡した受給権者に支給すべき保険給付で、まだ支給されていなかったもの（未支給の保険給付）があるときは、一定の遺族に限って、自分（自己）の名で未支給の保険給付を請求することができます。

　未支給の保険給付は次の区分によって、それぞれの遺族が請求できますが、該当する者がいない場合は、民法上の相続人が請求権者となります。

① 未支給の保険給付が遺族（補償）年金の場合

　死亡した労働者（死亡した受給権者ではない）の配偶者、子、父母、孫、祖父母、兄弟姉妹で、死亡した受給権者と同順位者または次順位者が請求権者となります。

② ①以外の保険給付

　受給権者の死亡時にその者と生計を同じくしていた配偶者、子、父母、孫、祖父母、兄弟姉妹であって、その最先順位者が請求権者となります。

● 労災保険では民法の失踪制度より早く死亡を認定する

　民法では、人が蒸発などで行方不明になった場合（普通失踪）は7年、船舶の沈没など事故で生死不明になった場合（特別失踪）は1年たったときに、家庭裁判所がその者を死亡したものとみなすという制度があります。

　労災事故が起こった場合も、その事故に巻き込まれた労働者の生死が確認できないケースが考えられます。このような場合、民法の規定

どおり、事故後1年経過してからでないと労災保険の遺族（補償）給付などが受けられないとなると、遺族の救済が図られないことになってしまいます。

　そこで、労災保険の給付については、民法の原則に修正を加えて給付を行うことにしました。

　沈没・転覆・滅失・行方不明になった船舶に乗っていた労働者、あるいは乗船していた船舶の航行中に行方不明となった労働者について、その生死が3か月間わからない場合、労災保険の支給に関する規定の適用については、その船舶が沈没・転覆・滅失・行方不明になった日、あるいは労働者が行方不明になった日にその労働者が死亡したものと推定します。労働者の死亡が3か月以内に明らかとなったものの、その死亡の時期がわからない場合は、その事故があった日に死亡したものと推定します。これは、航空機の事故の場合も同様に取り扱われます。

● 受給資格者になれない者もいる

　下図の欠格事由に該当する者は遺族（補償）給付の受給資格者にはなれません。

■ 受給者の欠格【遺族（補償）給付】………………………………

欠格

①労働者を故意に死亡させた者

②労働者の死亡前にその労働者の死亡により遺族（補償）年金を受けることができる先順位または同順位の遺族となる者を故意に死亡させた者

③遺族（補償）年金を受けることができる遺族で自分よりも先順位または同順位の受給権者となる遺族を故意に死亡させた者

支給制限と費用徴収

◉ 保険給付を行わないこともある

　労働者が故意または重大な過失により、ケガ、病気、障害、あるいは死亡またはその直接の原因となった労災事故を起こした場合、次ページの図①〜④のように保険給付が制限されます。

◉ 事業主の責任が重い場合には費用徴収される

　政府は以下の事由に該当する場合には、事業主から労災保険の保険給付に要した費用の全部または一部を徴収することができます。業務災害の保険給付については、労働基準法の災害補償の価額の限度で費用を徴収します。複数業務要因災害の保険給付については、複数業務要因災害を業務災害とみなした場合に支給される保険給付に相当する災害補償の価額の限度で費用を徴収します。

　また、通勤災害による保険給付については、通勤災害を業務災害とみなした場合に支給される保険給付に相当する災害補償の価額の限度で費用徴収が行われます。

① **事業主が故意または重大な過失によって、保険関係成立届を提出していない期間に発生した保険事故について保険給付を行った場合**

　保険事故発生日から保険関係成立届提出日の前日までに支給される保険給付につき、支給のつど、保険給付額の100分の100または100分の40に相当する額が徴収されます。

② **事業主が概算保険料を納付しない期間中（督促状に指定する期限までの期間を除く）に発生した保険事故について保険給付を行った場合**

　督促状による指定期限後から概算保険料を完納した日の前日までに支給事由が発生した保険給付について、給付額に滞納率（最高40％）

を掛けて算出した額が支給のつど事業主から徴収されます。

③　事業主が故意または重大な過失によって発生させた保険事故（業務災害に限る）について保険給付を行った場合

　支給のつど、保険給付額の100分の30に相当する額が徴収されます。

　なお、療養（補償）給付、介護（補償）給付、二次健康診断等給付については、給付内容の性質上、事業主からの費用徴収を行いません。

■ 保険給付の制限 ……………………………………………………

①	故意に労災事故を発生させた場合	保険給付は行われない
②	故意の犯罪行為または重大な過失により、労災事故を発生させた場合	保険給付の全部または一部が行われない。故意の犯罪行為とは、事故の発生を意図したつもりはなくてもその原因となる犯罪行為が故意であるということ。たとえば、仕事中に飲酒し、その直後に会社の車を運転して、事故を起こした場合などがこれにあたる
③	正当な理由がなく療養に関する指示に従わないことにより、負傷、疾病、障害もしくは死亡もしくはこれらの原因となった事故を生じさせ、または負傷、疾病もしくは障害の程度を増進させ、もしくはその回復をさまたげたとき	その事案1件につき、休業（補償）給付の10日分または傷病（補償）年金の365分の10相当額が減額される
④	労働者が刑事施設、労役場、少年院等の施設に収容されている場合	これらの期間は、働くことができる期間とはいえないため、休業（補償）給付が支給されない

Q 労災保険に加入していない会社で労災事故が発生した場合、労働者は労災保険の補償を受けることはできるのでしょうか。

A 労災保険は、労働者が1名でもいれば、それが正社員であろうとアルバイトであろうと原則として事業主には加入義務が生じます。したがって、あなたの事業所でも加入する必要があります。

さて、未加入の状態で労災事故が発生した場合の扱いですが、労災保険の加入と保険料の支払い（全額）は事業主の義務であるため、被災労働者には何の責任もありません。したがって、労働者は労災保険の給付を受けることができます。ただし、事業主については未加入期間の保険料を2年間さかのぼって徴収される他、追徴金として保険料の10％相当額の支払義務も発生します。さらに、未加入の理由が故意または重大な過失による場合は、その保険給付に要した費用の一部が事業主から徴収されます。

具体的には、保険関係成立届の提出について訪問、呼び出しなどの行政の直接的指導を受けたにもかかわらず加入手続を行わない期間に労働災害が起こった場合、事業主が故意に手続きを行わないと認定し、保険給付額の100％（＝全額）の費用が徴収されます。

また、訪問、呼び出しなどの行政指導を受けていない事業主であっても、相当期間（1年）を経過して保険関係成立届の提出を行っていない期間に労働災害が起こった場合、事業主には重大な過失があると認定され、保険給付額の40％の費用が徴収されます。

したがって、もし、労災保険に加入していないのでれば、早急に加入手続をしなければなりません。

事業主の損害賠償との調整

● 給付請求権と損害賠償請求権が重なるときとは

　業務災害としての労災事故の中には、事業主の責任で起きるものもあります。この場合、被災労働者やその遺族は、労災保険（政府）に対して、保険給付を請求する権利を取得すると同時に、民法上、事業主に対しても損害賠償を請求する権利を取得することになります。しかし、両方の請求権を認めると、被災労働者やその遺族は、1つの事故で二重の補てんを受けることになります。

　これでは、事業主が、万が一の事故が起きてしまったときの保険として、労災保険を全額負担していることの意味がなくなってしまいます。そこで、このようなケースでは、あらかじめルールを決めて調整を図ることにしました。

● 保険給付先行時は事業主の賠償が猶予・免責される

　被災労働者やその遺族が障害（補償）年金または遺族（補償）年金を受給できる場合で、障害（補償）年金前払一時金または遺族（補償）年金前払一時金を請求できる場合に、同じ事由で事業主から損害賠償を受けることができるときは、次ページ図①または②の調整がなされます。

● 損害賠償先行時は保険給付額が調整される

　被災労働者やその遺族が労災保険の保険給付を受けることができる場合で、同一の事由につき、事業主から損害賠償を受けたときは、政府は厚生労働大臣が定める基準により、その価額の限度で保険給付を行わないことができます。

ただし、前払一時金の最高限度額に達するまでの年金給付については、事業主から損害賠償を受けても調整されずに支給されます。

● 支払名目によっては支給調整されないこともある

　損害賠償の支給調整を行うこととなる受給権者の範囲は、調整の事由となる損害賠償を受けた受給権者本人に限られます。遺族（補償）年金（74ページ）の受給権者の場合、先順位の受給権者が失権したことによる後順位の受給権者については、支給の調整は行わないことになっています。

　また、損害賠償と似たようなものとして、示談金や和解金といったものがありますが、これらについては、労災保険が将来にわたって支給されることを前提として、それとは別に支払われる場合は支給調整の対象とはなりません。見舞金などのようにそもそも損害賠償の性質を持たないものについても支給調整は行いません。

■ 事業主側における調整 ……………………………………………………

事業主側の調整

① 履行猶予
　事業主は被災労働者やその遺族が労災の年金給付を受ける権利が消滅するまでの間、その年金給付にかかる前払一時金の最高限度額（年５分の法定利率による調整あり）を限度として損害賠償をしないことができる

② 免責
　①によって損害賠償の履行が猶予されている期間中に年金や前払一時金が支給された場合、事業主はその年金給付または前払一時金の額（年５分の法定利率による調整あり）を限度として損害賠償の責めをのがれる

不法行為による災害の発生

● 第三者行為災害の典型は交通事故などである

　労災保険は、仕事中や通勤中に起こった災害で労働者が負ったケガなどに対してさまざまな給付をしています。

　災害の中には、会社の営業で外回りをしていて横断歩道を渡っているときに車にはねられたり、マイカー通勤者が出勤途中に追突されてケガをしたり、社用で文房具店に向かうために道路を歩行していたら、建設現場から飛来してきたものにあたって負傷したといった災害もあります。このように労災保険の給付の原因である事故が労災保険の保険関係の当事者（政府、事業主、労災保険の受給権者）以外の者（第三者）の行為（不法行為）によって生じた災害を第三者行為災害といいます。

　第三者行為災害にあたる行為としては、交通事故をイメージするといちばんわかりやすいと思います。また、建築物や設備などの工作物の瑕疵（欠陥）や他人が飼育する動物によって生じた事故や、ケンカなどでケガをした場合などにも第三者行為災害になる場合があります。

　第三者行為災害を原因とする労災保険の給付は、通常の労災保険の給付とは異なる手続が必要になります。

● 第三者行為災害の成立要件は２つある

　第三者行為災害が成立するには、次の２つの要件を満たす必要があります。

①　保険給付の原因である事故が第三者の行為によって生じたものであること

②　第三者が被災労働者や遺族に損害賠償の義務を有していること

①と②の２つの要件を満たし、第三者行為災害が成立した場合、被災労働者は、加害者に対して損害賠償を請求する権利を得ることになります。また、労災事故が発生したわけですから、同時に労災保険に対して給付を請求する権利を得ることになります。

　しかし、同じ事由（第三者行為災害）で加害者と労災保険の双方から損害賠償を受けることができるとすると、被災労働者は二重に補てん（埋め合わせ）がなされることになります。これでは、被災労働者といってももらい過ぎになり、不公平です。

　また、ケガをした労働者に補てんされる損失は、最終的には損害賠償責任のある相手方（事故の加害者）が負担するべきです。

● 調整方法には求償と控除がある

　第三者行為災害については、労災保険の給付と加害者が行う損害賠償を調整することにしています。調整の方法については、求償と控除という２種類があります（下図）。

■ 求償と控除 ・・

損害賠償の調整

① 求償
労災保険の給付を先に行った場合に、労災保険で給付した分の金額を災害の加害者から返してもらうこと

② 控除
被災労働者が労災保険の給付がなされる前に加害者から損害賠償を受けた場合に、賠償を受けた額の範囲で国が労災保険の給付をしないこと

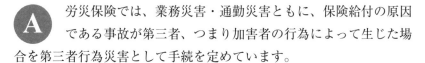

Q 営業中の交通事故で被害者である当社の従業員がすでに加害者から自賠責保険による損害賠償を受けたようなのですが、さらに労災保険について手続上しておくべきことはありますか。

A 労災保険では、業務災害・通勤災害ともに、保険給付の原因である事故が第三者、つまり加害者の行為によって生じた場合を第三者行為災害として手続を定めています。

第三者行為災害では、被災労働者は労災保険の給付請求権を取得するだけでなく、同時に加害者に対する民事上の損害賠償請求権も取得します。ただし、同一の事由で二重に補填を受けることはできず、最終的な損害補填者を加害者とするために調整が行われます。

調整の方法は、保険給付請求権と民事上の損害賠償請求権のどちらを先に行使するかによって違ってきます。

相談のケースのように民事上の損害賠償請求権（自賠責保険が代行）をすでに受けているような場合、政府はその損害賠償価額の限度で、被災労働者に対して保険給付しないことができます。

したがって、当面、労災保険から受けるものはないわけですが、後になって後遺症等が発生し、加害者との交渉がスムーズに進展せずに労災保険を先行する場合もあり得ます。「第三者行為災害届」は、時間が経ってから調整するのは大変ですので、労災保険の請求の前か、請求と同時に提出するのが望ましいでしょう。

交通事故による第三者行為災害届の添付書類として、念書や交通事故証明書、自賠責保険による賠償を受けている場合は、自賠責保険等の損害賠償金等支払証明書などが必要です。なお、正当な理由がないのに第三者行為災害届を提出しない場合は、労災保険の給付が一時差し止められることがありますので、注意が必要です。

特別支給金とボーナス特別支給金

◉ 社会復帰促進等事業は労働者や遺族の保護を充実させる

労災保険の給付だけでは災害を受けた労働者や遺族の保護が十分とはいえません。そこで、労働者や遺族の保護をさらに充実させるための事業として社会復帰促進等事業があります。

◉ 特別支給金は保険給付とは別に支給される

社会復帰促進等事業の中で労災保険の保険給付と関連の深い制度として、「特別支給金」制度があります。特別支給金は、労災保険の保険給付を受けることができる者に対して、保険給付とは別に支給されるものです。特別支給金には、労災保険の各種保険給付に上乗せして定率または定額で支給する一般の特別支給金と、賞与（ボーナス）などの特別給与を基礎として支給するボーナス特別支給金があります。

◉ ボーナス特別支給金は前年の特別給与から計算する

労災保険の保険給付の額の算定基礎となる給付基礎日額には、ボーナス分の額が加味されていません。

そこで、特別支給金の他に、ボーナスについて支給の算定基礎とするボーナス特別支給金が支給されることになっています。ボーナス特別支給金の種類は、傷病特別年金、障害特別年金、障害特別一時金、障害特別年金差額一時金、遺族特別年金、遺族特別一時金です。

特別給与を基礎とするボーナス特別支給金の支給額を算出するときには、算定基礎日額を基礎として計算します。

算定基礎日額は、原則として被災日以前1年間に支払われた賞与など（3か月を超える期間ごとに支給された特別給与）の合計額（算定

基礎年額）を365で割った金額です。

　ただ、算定基礎年額には上限があります。前述の原則によって算出した算定基礎年額が、①給付基礎日額の365日分の額の20％と、②150万円のいずれか低いほうの額を上回る場合は、①と②のうち低いほうの額が算定基礎年額になります。

　たとえば、傷病等級１級の人の算定基礎年額が80万円、給付基礎日額が１万円だとします。この場合、給付基礎日額の365日分の額の20％が73万円ですので、80万円ではなく、73万円が算定基礎年額となります。そして、傷病等級１級の傷病特別年金額は、算定基礎日額の313日分と定められていますので、支給金額は73万円÷365×313より、62万6000円となります。

■ 一般の特別支給金

①	休業特別支給金（定率支給）	１日につき、休業給付基礎日額の 100 分の 20 相当額が支給される。「給付基礎日額」とは、労災保険のそれぞれの給付の計算の基礎となるもので、被災労働者の１日あたり平均賃金のこと
②	傷病特別支給金	傷病（補償）年金を受ける者に対して、傷病等級に応じて（第１級は 114 万円、第２級は 107 万円、第３級は 100 万円）、一時金が支給される
③	障害特別支給金	障害（補償）年金を受ける者に対して、障害等級に応じて（342 万円〜8万円）一時金が支給される
④	遺族特別支給金	労働者の遺族である配偶者、子、父母、孫、祖父母、兄弟姉妹のうちで最先順位にある者に対して、300 万円の一時金が支給される（二人以上の場合は人数で割る）

副業時の労災

◉ 副業・兼業と労災保険

　労災保険は、正社員・パート・アルバイトなどにかかわらず雇用されているすべての労働者が加入できます。そして、業務中や通勤時に被った負傷、疾病、障害、死亡に対して必要な給付を受けることができます。ただし、本業と副業・兼業のように複数の事業場で働く労働者については次のような問題があり、副業・兼業促進の妨げとなっていました。そこで、労災保険の改正が令和2年9月に行われ、見直しが行われています。

①　複数事業労働者が業務中に被災した場合の給付額

　これまで、複数事業労働者がA社で10万円、B社で7万円の賃金（平均賃金）を支給されていたケースで、B社で業務災害にあった場合、給付額はB社（災害発生事業場）で得ていた7万円を基に給付基礎日額が計算されていました。

　法改正後は、A社とB社の賃金の合計額17万円を基に給付基礎日額が算定されます。なお、日給や時給の場合には、給付基礎日額の原則の計算方法の他に、最低保障平均賃金（64ページ）がありますが、各事業場の合算前の計算では、最低保障平均賃金を適用せずに計算し、合算することになります。

②　複数事業労働者が通勤中に被災した場合の給付額

　複数事業労働者が通勤中に被災した場合でも、①と同様、両方の使用者から支払われる賃金の合計を基に保険給付額が算定されます。

③　複数業務要因による災害

　脳・心臓疾患や精神障害などの疾病は、複数の事業で働く労働者がいずれかの事業場の要因で発症したかがわかりにくい労働災害です。

これまで、精神障害や脳・心臓疾患の労災認定においては労働時間の通算は行わず、労災認定の基準時間となる160時間や100時間という時間外労働もそれぞれの就業場所ごとで判断することになっていました。つまり、A社とB社で通算して160時間や100時間を超えていたとしても、それぞれの会社で超えていない場合には労災認定がされない可能性がありました。

法改正後は、A社とB社の時間外労働やストレスなどの業務負荷を総合的に評価して労災認定を行います。このように労災認定された災害を「複数業務要因災害」といいます。

● 保険料はどのように算定するのか

労災保険料は、保険給付の実績額に基づいて算定されます。たとえば、労災発生が多い事業場は保険料が高く、労災発生が少ない事業場は保険料が低くなります（メリット制）。

法改正によって、非災害発生事業場の分も合算した賃金額をベースに労災給付がなされることになりますが、非災害発生事業場にとっては努力しても防ぎようのない労災であるため、非災害発生事業場の次年度以降の保険料には反映させないものとしています。

● どんな保険給付が設けられるのか

新たに賃金額の合算と業務負荷の総合評価が導入されたことにより、保険給付にも以下の給付が創設されました。
・複数事業労働者休業給付
・複数事業労働者療養給付
・複数事業労働者障害給付
・複数事業労働者遺族給付
・複数事業労働者葬祭給付
・複数事業労働者傷病年金

・複数事業労働者介護給付

◉ どのように申請するのか

　複数業務要因災害に関する保険給付が創設されたため、「業務災害用」の様式が、「業務災害用・複数業務要因災害用」の様式に変更されました。業務災害と複数業務要因災害に関する保険給付は同時に行います。複数事業労働者にあたらない場合は、従来通り、業務災害として労災認定されます。

　様式の具体的な変更点は、「その他就業先の有無」を記載する欄が新たに設けられたことです。また、脳・心臓疾患や精神障害などの疾病は、どちらの事業場が原因か判断がつきにくいため、おもに負荷があったと感じる事業場の事業主から証明をもらい提出します。

　様式は、厚生労働省のホームページからダウンロードできます。

https://www.mhlw.go.jp/bunya/roudoukijun/rousaihoken06/03.html

■ 給付額の算定の基となる賃金の考え方 ……………………

改正前の制度

```
┌─────────────┐
│ A社の平均賃金  │
│   10万円      │
├─────────────┤        ╔══════════╗
│ B社の平均賃金  │ ──→    ║ 災害発生  ║
│   7万円       │        ╚══════════╝
└─────────────┘
        │
        ↓
```
B社の平均賃金を基に
給付額が算定される

改正後の制度

```
┌─────────────┐
│ A社の平均賃金  │
│   10万円      │
├─────────────┤        ╔══════════╗
│ B社の平均賃金  │ ──→    ║ 災害発生  ║
│   7万円       │        ╚══════════╝
└─────────────┘
        │
        ↓
```
A社とB社の平均賃金の合計額を
基に給付額が算定される

Column

労災申請手続き

　労災保険法に基づく保険給付等の申請ができるのは、本人またはその遺族です。しかし、労働者が自ら保険給付の申請その他の手続きを行うことが困難な場合は、事業主が手続きを代行することができます。保険給付の中には傷病（補償）年金のように職権で支給の決定を行うものもありますが、原則として被災者または遺族の請求が必要です。仮に、事業主が保険料の納付を怠っていたとしても、労働者は労災保険の支給を受けることができます。あくまでも労働災害が発生した事実に基づき、労働者は労災保険の給付申請を行うことができます。この場合、国が事業者に対して保険料を追徴することになります。また、事業主が意図的に、あるいは、不注意の程度が著しい状態で、保険料の支払やその他必要な手続きを怠っている場合には、国は保険料の他に保険給付に必要な費用について、事業主に請求することが可能です。

　なお、労災の保険給付の請求には時効が設けられており、通常は2年以内、障害（補償）給付と遺族（補償）給付の場合は5年以内に、それぞれ被災労働者の所属事業場の所在地を管轄する労働基準監督署長に対して行う必要があります。その上で、労働基準監督署は、必要な調査を実施し、労災認定がなされた場合は対象者に向けての給付が行われます。

　この場合、被災労働者などからの請求を受けて支給または不支給の決定をするのは労働基準監督署長です。決定に不服がある場合は、都道府県労働局内の労働者災害補償保険審査官に審査請求をすることができます。審査官の審査結果に不服がある場合は、厚生労働省内の労働保険審査会に再審査請求ができます。さらに、労働保険審査会の裁決にも不服がある場合は、その決定の取消を求めて、裁判所に行政訴訟を起こすという流れになります。

第4章

雇用保険のしくみ

① 雇用保険とは

◉ 雇用保険の給付の概要

雇用保険の給付については、失業時に支給される基本手当など、求職者給付と呼ばれる給付が中心です。また、失業した労働者の再就職の促進のための給付（就職促進給付）や、高齢者や育児・介護を行う労働者の雇用の継続を促進するための給付（雇用継続給付）、一定の教育訓練を受けたときに支給される給付（教育訓練給付）もあります。

◉ 失業等給付には4種類ある

雇用保険の給付（失業等給付）は、大きく分けて次ページの図のように4種類の給付があります。「失業」に対して支給される給付が、①求職者給付と②就職促進給付です。また、「雇用の継続困難」に対して支給される給付が、③雇用継続給付です。さらに、「教育訓練の受講」に対して支給される給付が、④教育訓練給付です。雇用保険の給付は、失業に限らず幅広い給付があることに特徴があります。

① 求職者給付

求職者給付は、被保険者が離職して失業状態にある場合に、失業者の生活の安定と求職活動を容易にすることを目的として支給される給付です。失業者が離職票などを持って公共職業安定所（ハローワーク）に行き、必要な手続をすることで支給されます。雇用保険の中心的な給付になります。

② 就職促進給付

失業者が再就職するのを援助、促進することをおもな目的とする給付です。求職者給付は失業中に支給されるので、求職者にとっては就職に対する意欲が低くなりがちです。そこで、就職促進給付は早い段

階で再就職を行うと支給されるボーナス的な給付です。また、就職に際しての引越し代などの給付もあります。

③　雇用継続給付

働く人の職業生活の円滑な継続を援助、促進することを目的とする給付です。高年齢者、育児・介護休業中の所得補てんを行う給付があります。

④　教育訓練給付

働く人の主体的な能力開発の取組を支援し、雇用の安定と能力開発・向上を目的とする給付です。

■ 雇用保険の給付の概要 ……………………………………………

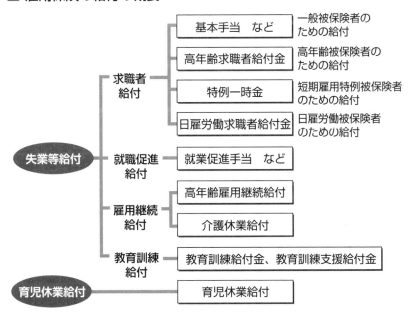

適用事業所と被保険者

● 1人でも人を雇ったら雇用保険の適用事業所となる

事業所で労働者を1人でも雇った場合、原則として、雇用保険に加入しなければなりません。このように強制的に雇用保険への加入義務が生じる事業所を強制適用事業所といいます。雇用保険は事業所ごとに適用されるため、本店と支店などは個別に適用事業所となります。

個人事業の場合、例外的に強制的に適用事業所にならない事業所もあります。これを暫定任意適用事業といいます。暫定任意適用事業となるのは、個人経営で常時5人未満の労働者を雇用する農林・畜産・養蚕・水産の事業です。暫定任意適用事業は、事業主が申請して厚生労働大臣の認可があったときに適用事業所となることができます。

● 雇用保険の被保険者には4種類ある

雇用保険の制度に加入することになる者（労働者）を被保険者といいます。次の4種類（種別）に分けられます。

① 一般被保険者

次の②〜④までの被保険者以外の被保険者で、ほとんどの被保険者がこれに該当します。一般被保険者とは、1週間の所定労働時間が20時間以上で、31日以上雇用される見込みのある者のことです。フリーターやパートタイム労働者も、この要件を満たせば雇用保険の被保険者になります。

約1か月以上雇用する労働者について雇用保険に加入させなければなりませんので、事業主としては、気をつける必要があるでしょう。

② 高年齢被保険者

同一の事業主の適用事業に、65歳前から65歳以降も引き続き雇用さ

れている者や、65歳以降に新たに雇用された者が該当します。ただ、③と④に該当する者は除きます。

③　短期雇用特例被保険者

冬季限定の清酒の醸造や夏季の海水浴場での業務など、その季節でなければ行えない業務のことを季節的業務といいます。季節的業務に雇用される者のうち、雇用される期間が1年未満で雇用期間が4か月以内の者及び週の労働時間が30時間未満の者を除いた者が短期雇用特例被保険者として扱われます。

ただし、④に該当する者は除きます。また、短期雇用特例被保険者が同一の事業主に1年以上引き続いて雇用された場合は、1年経ったときから短期雇用特例被保険者から一般被保険者に切り替わります。

④　日雇労働被保険者

雇用保険の被保険者である日雇労働者のことです。日雇労働者とは、日々雇い入れられる者や30日以内の短い期間を定めて雇用される者のことです。ただし、前2か月の各月において18日以上同一の事業主に雇用された場合や、同一の事業主に継続して31日以上雇用された場合は、①一般被保険者または③短期雇用特例被保険者、65歳以上の場合は、②高年齢被保険者への切り替えが行われます。

■ 被保険者の種類 ……………………………………………………………

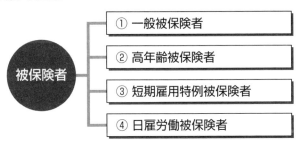

被保険者
- ① 一般被保険者
- ② 高年齢被保険者
- ③ 短期雇用特例被保険者
- ④ 日雇労働被保険者

③ 適用除外

● 適用除外となる労働者は６種類に区分される

　雇用保険の適用事業所に雇用された労働者であっても、雇用保険の被保険者にならない者もいます（適用除外）。たとえば、以下の①〜⑥に挙げる労働者は、雇用保険の適用対象から除外されます。

①　一週間の所定労働時間が20時間未満である者

　高年齢被保険者の特例であるマルチ高年齢被保険者および日雇労働被保険者に該当しない限り、被保険者になりません。

②　同一の事業主に31日以上継続して雇用される見込みがない者

　雇用期間が30日以下の者は、日雇労働被保険者に該当しない限り、被保険者にはなりません。

③　季節的事業に雇用される者のうち、労働期間・時間が短い者

　季節的に雇用される労働者は短期雇用特例被保険者の対象になりますが、雇用期間が４か月以内の者または週の労働時間が30時間未満の者は雇用保険の被保険者にはなりません。

④　学校教育法の学校の学生または生徒

　ただし、昼間学生や生徒であっても、休学中の者、定時制で夜間の学校に通っている場合は、雇用保険の被保険者となります。

⑤　国家公務員や地方公務員など

　国家公務員や地方公務員などが他の法令の規定により、雇用保険よりも充実した給付を受けることができると認められる場合は、雇用保険の被保険者から除外されています。

⑥　船員で、一定の漁船に乗り組むため雇用される者

　ただし、１年以上雇用される場合は、被保険者となります。

■ パートタイマーの取扱い

1週間の所定労働時間	将来の雇用の見込み	
	31日未満	31日以上
20時間以上	×	一般被保険者
20時間未満	×	×

※×印のところに該当する者は被保険者とならない

■ 被保険者となる場合とならない場合

区　分	被保険者となる場合	被保険者とならない場合
法人の役員	会社などの取締役などの役員であっても、部長、工場長などの従業員としての身分があり、報酬の面からみても労働者的な性格の強い者（兼務役員）	①個人事業主や会社などの代表取締役、監査役 ②合名会社、合資会社の代表社員 ③法人の取締役で左記以外の者
2以上の適用事業に使用される者	その労働者が生計を維持するのに必要な賃金を受けている事業所について	左記の事業所以外の事業所（副業先）について
臨時内職的に雇用される者	右記のいずれにもあたらない者	下記のいずれかにあたる者 ①家計補助的に賃金を得ている者 ②反復・継続して就労しない者
家事使用人	おもに家事以外の仕事に従事するために雇われた者で、例外的に家事に使用されることのある者	おもに家事に使用される者
同居の親族	下記①～③のいずれの条件も満たす者 ①事業主の指揮命令に従っていること ②賃金額等を含めた就業の実態がその事業所の他の一般労働者と同じであること ③取締役などの役職にないこと	左記以外の者
学　生	下記のいずれかに該当する者 ①学校を休学して働いている場合 ②その者の学校で卒業見込証明書の発行を受け、卒業前に就職し、卒業後も継続してその事業所に勤務する場合 ③学校が一定の出席日数を課程終了の要件としない学校に在学する者であって、その事業所において同種の業務に従事する労働者と同様に勤務することができる場合	左記以外の者

Q 学生は雇用保険の被保険者になれるのでしょうか。

 A 　原則として、雇用保険は適用事業所で働くすべての者が加入することになります。しかし、例外もあります。昼間学生もその1つです。昼間部の学生とは、学校教育法1条にいう学校の学生・生徒等のことで、通信教育を受けている者や夜間または定時制の課程の者を除きます。質問の学生が夜間部の学生ではなく、昼間部の学生に該当する場合、たとえ就労の事実があったとしても、雇用保険の被保険者とはなりません。

　ただし、ここでも例外があり、次の場合は被保険者とされます。

①　卒業見込証明書を有する者が、卒業前に就職し、引き続きその事業所に勤務する予定の場合

②　休学中の者、または一定の受講日数を課程終了の要件としない学校の在学者で、一般の労働者と同様に勤務できる者（この場合は、その事実を証明する文書の提出が必要）

③　事業主との雇用関係を存続したままで、事業主の命令により、または事業主の承認を受けて、大学院などに在学している者（社会人大学院生など）

　なお、各種学校の学生については、授業時間等からみて昼間学生と同様の状態の場合には、昼間学生と同じ扱いになり、雇用保険の被保険者にはなれません。

Q すでに被保険者として取り扱われていた部長職にある労働者が部長兼務の取締役に就任した場合、雇用保険に加入できるのでしょうか。

A 雇用保険では代表権のある者、つまり株式会社の代表取締役、合同会社や合名会社の業務執行社員である代表社員、合資会社の無限責任社員は被保険者となれません。

なぜなら、雇用保険は、労働者を対象とする制度だからです。このことは、取締役や監査役など、委任関係による場合も同様で、雇用保険では労働者に該当しないため、被保険者とは扱わないのが原則です。

ただし、例外もあります。会社を代表しない取締役については、同時に会社の部長、支店長、工場長等、従業員としての身分をもつ場合に被保険者となる場合があります。つまり、報酬支払方法、就労実態、就業規則の適用状況などから総合的に判断し、労働者的性格が強く、雇用関係があると認められる者に限って被保険者とされます。この判断は厚生労働大臣が行います（所轄の公共職業安定所に委任）。

相談のケースのように、すでに被保険者として取り扱われている労働者が取締役に就任した場合は、就任後すぐに兼務役員雇用実態証明書等を提出することになります。

Q 社長と同居している親族がその会社で働く場合、そのような親族も雇用保険に加入できるのでしょうか。

A 株式会社や合同会社など法人の代表者と同居している親族については、一般の従業員と取扱いは同じです。つまり、原則として被保険者となることができます。ただし、その法人が形式的なものであり、実質的に代表者の個人経営と変わらないとみなされれば、個人事業主と同居している親族と同様に取り扱われることになります。個人事業主と同居している親族は、事業主と利益を一にしているとされるため、被保険者とされないのが原則です。

個人事業、法人を問わず、同居の親族が被保険者とされるポイントは、以下の3点です。

① 業務を行うにつき事業主の指揮命令に従っていることが明確なこと。

② 就業の実態がその事業所の他の従業員と同様であり、賃金もこれに応じて支払われていること。具体的には、始業・終業の時刻、休憩時間、休日、休暇および賃金の決定・計算及び支払方法、締切・支払の時期が明確に定められ、その管理が他の従業員と同様になされているということ。

③ 事業主と利益を一にする地位（取締役等）にはないこと。

なお、これらの判断は、実態で判断されるため、所轄の公共職業安定所で相談する必要があります。

Q 派遣社員は雇用保険に加入しているのでしょうか。加入していない場合に加入させる必要があるのでしょうか。

A 派遣労働者については、その就業形態が様々なことから、反復継続して派遣就業する者である場合に雇用保険が適用される労働者となります。

具体的には、①１週間の所定労働時間が20時間以上であること、②１つの派遣元事業主に31日以上引き続き雇用されることが見込まれる場合であること、が必要とされています。つまり、雇用保険が適用されるかどうかの要件については通常の労働者と同様の基準で判断されることになります。

なお、次の派遣就業が開始される際に、１週間の所定労働時間が20時間以上となることが見込まれる場合には、被保険者としての資格は継続されます。

派遣労働者に雇用保険が適用される場合、派遣労働者が適用基準を満たした場合の雇用保険の加入手続は、派遣元事業主が行います。その者についての雇用保険資格取得届を派遣元事業所の所在地を管轄する公共職業安定所に提出しなければなりません。

基本手当の受給要件と受給額

● 基本手当をもらうのに必要なことは何か

　求職者給付のうち、中心となるのは一般被保険者に対する求職者給付である基本手当です。基本手当をもらうためには、①離職によって、雇用保険の被保険者資格の喪失が確認されていること、②現に失業していること、③離職日以前の2年間に通算して12か月以上の被保険者期間があること、の3つが要件になります。

　ただし、③の要件については、離職の原因が倒産・解雇・セクハラ等による離職といった点にある場合には、離職日以前の1年間に通算して6か月以上の被保険者期間があるかどうかで判断します。

　被保険者期間とは、各月の賃金支払基礎日数（基本給の支払の対象となっている日数のことで、有給休暇や休業手当の対象となった日数も加えられる）が11日以上の月を1か月とします。なお、各月ごとに区切った結果、端数が生じた場合、その期間が15日以上であり、賃金支払基礎日数が11日以上であれば、2分の1か月としてカウントします。

● 年齢や離職前6か月の賃金で給付額が決まる

　失業等給付は、人によって「もらえる額」が違います。

　一般被保険者の受ける基本手当は、離職前6か月間に支払われた賃金に基づきます。失業している1日あたりにつき賃金日額をもとにして計算した基本手当日額、だいたい離職前の賃金（賞与を除く）の平均と比べて50％〜80％（60歳以上65歳末満の人への給付率は45％〜80％）の金額が支給されます。賃金日額の低い人ほど給付率を高くするなど賃金格差の影響を抑えるように工夫されています。

> 基本手当の日額＝賃金日額×賃金日額に応じた給付率
> （原則50 ～ 80％）

　ここでいう賃金日額とは、原則として離職前6か月の間に支払われた賃金の1日あたりの金額で、退職前6か月間の給与の総額÷180日で計算されます。時給や日給、出来高払いによる賃金でもらっていた場合は、別に最低保障の計算を行います。

　次に、基本手当の日額は、賃金日額に50％～80％の給付率を掛けて計算します。給付率は、年齢と賃金日額によって異なります。たとえば、離職時の年齢が30歳以上45歳未満で賃金日額の範囲が13,380円～15,190円の場合、給付率は5割と設定されているので、6,690円～7,595円が基本手当日額となります。給付率を決定する賃金日額の範囲は、毎月勤労統計における国民の平均給与額を基に毎年8月1日に変更されます。

　年齢と賃金日額によって給付率が異なるということは、世帯として生活費が多く必要であると見込まれる年齢層には多く給付するということです。所得の低かった人には給付率が高くなっており、反対に所得の高かった人の給付率は低くなっています。

■ 基本手当日額の計算式 ………………………………………

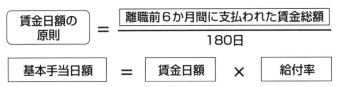

※給付率は、60歳以上65歳未満で、賃金日額によって45～80％で、それ以外は賃金日額によって50～80％
※賃金日額は、日給や時給の場合の最低保障の例外がある。また、年齢に応じた上限額、下限額もある

Q 病気で長期休暇していて退職前に給与の支払期間がない場合、基本手当が支給されるのでしょうか。

A 病気で長期休暇していて賃金の支払期間がなかったような場合など、病気やケガなどの理由によって算定対象期間中に引き続き30日以上賃金の支払を受けることができなかった被保険者については、受給要件の緩和の措置が講じられています。

原則の算定対象期間2年間に病気やケガなどの理由で賃金の支払がなかった日数を加算することができ、最長4年間まで算定対象期間を延長することができます。これにより、延長された算定対象期間に被保険者期間が通算して12か月以上あれば、基本手当は支給されることになります。

Q 従業員に前職がある場合の被保険者期間の要件については、前の会社の被保険者期間を通算することはできるのでしょうか。

A 「通算して12か月」の要件については、同じ会社の被保険者期間に限るわけではなく、別の会社における被保険者期間を通算してもかまいません。

ただ、前職の離職時に基本手当や高年齢求職者給付金、特例一時金を受給できる資格を得ていたときには、前職の離職日以前における被保険者であった期間を通算することはできないとされています。

なお、被保険者証を紛失した後、再交付の手続きをせずに再就職すると、新規加入の扱いで新たな番号で被保険者証が発行されてしまい、場合によっては不利益を生じることがあります。紛失した場合には、すぐに再交付の手続きをすることが望ましいでしょう。

5 基本手当の受給日数と受給期間

● 所定給付日数はケース・バイ・ケース

　失業者に支給される求職者給付（基本手当）はどのくらいなのか確認しておきましょう。給付日数は離職理由、被保険者であった期間、労働者の年齢によって決定されます。

　次ページの図の一般受給資格者とは、自己の意思で退職した者のことです。また、特定受給資格者とは、事業の倒産、縮小、廃止などによって離職した者、解雇など（自己の責めに帰すべき重大な理由によるものを除く）により離職した者その他の厚生労働省令で定める理由により離職した者のことです。就職困難者とは、次のいずれかに該当する者のことです。

① 　身体障害者
② 　知的障害者、精神障害者
③ 　刑法などの規定により保護観察に付された者
④ 　社会的事情により就職が著しく阻害されている者（精神障害回復者など）

　基本手当の所定給付日数は、失業理由が自己都合か会社都合かによって変わってきます。自己都合で辞めた人より倒産・解雇などが原因で離職した人のほうが保護の必要性が高いので、給付日数も多めに設定されているのです。

　一般受給資格者は離職時等の年齢に関係なく、被保険者であった期間に応じて、90日から150日の給付日数となります。

　一方、特定受給資格者や特定理由離職者と認定された場合、退職時の年齢と被保険者期間に応じて、90日〜330日の給付が受けられます。

● 受給期間（受給期限）を過ぎると給付が受けられなくなる

　求職者給付には受給期間（または受給期限）があります。この期間を過ぎてしまうと、たとえ所定給付日数が残っていても、求職者給付の支給を受けられなくなります。

　基本手当の場合、離職の日の翌日から1年間に限り受給することができます。この期間を受給期間といいます。

　ただし、所定給付日数330日の者は離職の日の翌日から1年と30日、所定給付日数360日の者は離職の日の翌日から1年と60日がそれぞれ受給期間となります。

■ 基本手当の受給日数 ・・・・・・・・・・・・・・・・・・・・・・・・・・・・・・・・・・・・・・

● 一般受給資格者の給付日数

被保険者であった期間／離職時等の年齢	1年未満	1年以上5年未満	5年以上10年未満	10年以上20年未満	20年以上
全 年 齢 共 通	－	90日	90日	120日	150日

● 特定受給資格者および特定理由離職者の給付日数

被保険者であった期間／離職時等の年齢	1年未満	1年以上5年未満	5年以上10年未満	10年以上20年未満	20年以上
30歳未満	90日	90日	120日	180日	－
30歳以上35歳未満	90日	120日	180日	210日	240日
35歳以上45歳未満	90日	150日	180日	240日	270日
45歳以上60歳未満	90日	180日	240日	270日	330日
60歳以上65歳未満	90日	150日	180日	210日	240日

● 特定受給資格者が障害者などの就職困難者である場合

被保険者であった期間／離職時等の年齢	1年未満	1年以上
45歳未満	150日	300日
45歳以上65歳未満	150日	360日

6 特定受給資格者

● 特定受給資格者は所定給付日数が長い

　特定受給資格者とは、たとえば勤務先の倒産や解雇などによって、再就職先を探す時間も与えられないまま離職を余儀なくされた者をいいます。自己都合で退職した人と区別して、倒産などによる離職者を手厚く保護することを目的とした制度です。

　特定受給資格者に該当する一般被保険者であった者は、他の求職者よりも基本手当の所定給付日数が長く設けられています。特定受給資格者であるかどうかは、具体的には、次ページの図のように定められています。ハローワークではこの基準に基づいて受給資格を決定しています。

　また、会社の意思により労働契約が更新されなかった有期契約労働者や、一定のやむを得ない事情による自己都合退職者で、離職日以前の1年間に通算して6か月以上の被保険者期間がある者については、特定受給資格者に該当しない場合であっても、特定理由離職者として特定受給資格者と同様の雇用保険の給付を受けることができます。

● こんな場合の退職は特定受給資格者として扱われる

　特定受給資格者にあたるかどうかについてはハローワークが個別に判断する場合もあります。

　たとえば、会社都合で、入社した時に取り決めをした賃金が支払われなかったために退職したような場合です。この場合、就職後1年以内に退職した場合は特定受給資格者と認められます（ただし、1年を経過した時点では、採用時のことを理由に退職したとは認められないとされています）。また、毎月、所定の労働時間を超えた時間外労働が多すぎたため退職したような場合が該当します。

■ 特定受給資格者の判断基準 ……………………………………

「解雇」等による離職の場合	①解雇により離職（自己の責めに帰すべき重大な理由によるものを除く） ②労働条件が事実と著しく相違したことにより離職 ③賃金の額の3分の1を超える額が支払期日までに支払われなかったこと ④賃金が、85％未満に低下したため離職 ⑤法に定める基準を超える時間外労働が行われたため、または事業主が行政機関から指摘されたにもかかわらず、危険若しくは健康障害を防止するために必要な措置を講じなかったため離職 ⑥法令に違反し妊娠中、出産後の労働者、家族の介護を行う労働者などを就業させた場合、育児休業制度などの利用を不当に制限した場合、妊娠・出産したこと、それらの制度を利用したことを理由として不利益な取扱いをした場合により離職 ⑦職種転換等に際して、労働者の職業生活の継続のために必要な配慮を行っていないため離職 ⑧期間の定めのある労働契約の更新により3年以上引き続き雇用されるに至った場合に更新されないこととなったことにより離職 ⑨期間の定めのある労働契約の締結に際し更新されることが明示された場合において契約が更新されないこととなったことにより離職 ⑩上司、同僚からの故意の排斥または著しい冷遇若しくは嫌がらせを受けたことによって離職 ⑪事業主から退職するよう勧奨を受けたことにより離職 ⑫使用者の責めに帰すべき事由により行われた休業が引き続き3か月以上となったことにより離職 ⑬事業所の業務が法令に違反したため離職
「倒産」等による離職の場合	①倒産に伴い離職 ②1か月に30人以上の離職の届け出がされた離職および被保険者の3分の1を超える者が離職した離職 ③事業所の廃止に伴い離職 ④事業所の移転により、通勤することが困難となったため離職

受給日数の延長

◉ どんな場合に基本手当の給付日数が延長されるのか

　基本手当の支給は、離職時の年齢、離職理由、被保険者期間、就職困難者か否かにより給付日数の上限が設けられています。しかし、社会情勢、地域性あるいは求職者本人の問題により、なかなか就職することができず、所定の給付日数だけでは保護が足りないこともあります。このような場合、所定給付日数を延長して、基本手当が支給されます。これを延長給付といいます。

　延長給付には、①訓練延長給付、②広域延長給付、③全国延長給付、④個別延長給付があります。

・訓練延長給付とは

　職業訓練を受け、職業能力を向上させることが就職につながると判断されたときに行われます。受給資格者が公共職業安定所長の指示により、公共職業訓練等を受講する場合に、①90日を限度として、公共職業訓練を受けるために待機している期間、②2年を限度として、公共職業訓練等を受けている期間、③30日を限度として、公共職業訓練等の受講終了後の期間について、失業している日については所定給付日数を超えて基本手当が支給されます。

　ただし、③の場合は公共職業訓練が終わっても就職の見込みがなく、かつ、特に職業指導その他再就職の援助を行う必要があると認められた人についてのみ訓練延長給付が行われます。また、その延長された分だけ受給期間も延長されます。

・広域延長給付とは

　広域延長給付は、失業者が多数発生した地域において、広い範囲で職業の紹介を受けることが必要と認められる受給資格者について、90

日分を限度に所定給付日数を超えて基本手当が支給されます。受給期間も90日間延長されることになります。

・全国延長給付

全国延長給付は、全国的に失業の状況が悪化した場合には、一定期間すべての受給資格者に対し90日を限度に所定給付日数を超えて基本手当が支給されます。受給期間も90日間延長されることになります。

・個別延長給付とは

個別延長給付は、厚生労働大臣が指定する地域で、倒産や解雇などの理由により離職した者（特定受給資格者）、期間の定めのある労働契約が更新されなかったことにより離職した者やハローワークが「正当な理由」と認定した理由により自己都合により離職した者（特定理由離職者）に支給される延長給付です。たとえば、雇用されていた適用事業が激甚災害の被害を受けたため離職を余儀なくされた者などに対して、給付日数が60日（所定給付日数が270日または330日の場合は30日）延長されます。

■ 延長給付の順位 ･･

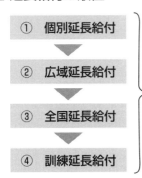

① 個別延長給付

② 広域延長給付

③ 全国延長給付

④ 訓練延長給付

同じ人が2つ以上の延長給付を受給できるときは、①→②→③→④の順で給付が行われる。

Q 訓練延長給付を受給するときの注意点としてはどのようなことがありますか。

 A 訓練延長給付は、ハローワークから受講指示を受けた訓練について適用される給付です。

　訓練延長給付は所定給付日数が残り少なくなったとき、再就職先がまだ決まりそうにないような場合に有効な制度です。仮に途中で所定給付日数が終了しても、訓練修了までは給付が延長されることになります。

　訓練延長給付の対象となるかどうかは、ハローワークの判断で決定されるため、受講対象者が管轄のハローワークに相談することになりますが、事業主もこのような制度があることをよく理解しておく必要があります。

 Q 出産のため退職した場合、雇用保険はどうなるのでしょうか。

 A 基本手当を受給できる期間は、原則として、離職日の翌日から起算して1年間となっています。ただし、一定の場合には例外的に延長が認められており、妊娠・出産はその例外的なケースに該当します。

　つまり、離職の日の翌日から起算して1年間に妊娠、出産、育児、疾病、負傷等の理由により引き続き30日以上職業に就くことができない場合、受給資格者の申出によって、職業に就くことができない日数が1年間に加算され、最大4年間まで延長されます。

　手続は、引き続き30日以上職業に就くことができなくなった日の翌日から、離職の日の翌日から起算して最大4年を経過する日（延長後の受給期間の最後の日）までの間に受給期間延長申請書に受給資格者証または離職票等を添付して住所地を管轄するハローワークに提出することになります。

8 受給期間の延長

● 延長手続きをすれば支給を先送りできる

　雇用保険の失業等給付は、働く意思と働ける状況にある者に支給される給付です。そのため、出産や病気などにより働けない者には支給されません。そこで、出産や病気など一定の理由で働けない場合、失業等給付の支給を先送りすることができます。これを受給期間の延長といいます。

　原則の受給期間は1年ですので、受給期間を延長できる事由に該当したにもかかわらず、必要な手続をしなかった場合（支給を先送りしなかった場合）、失業等給付がもらえなくなることもあります。

　受給期間を延長できる理由は、以下のとおりです。

---

① 　妊娠および出産
② 　病気や負傷
③ 　育児（3歳未満の乳幼児）
④ 　親族の看護（6親等以内の血族、配偶者、3親等以内の姻族の看護に限る）
⑤ 　事業主の命令による配偶者の海外勤務に同行
⑥ 　青年海外協力隊など公的機関が行う海外技術指導による海外派遣（派遣前の訓練・研修を含む）

　これらの理由によって、すぐに職業に就くことができない場合は、本来の受給期間に加えて、その理由により就業できない日数が加算されます。たとえば、出産・育児により1年6か月働くことができない場合、本来の受給期間である1年に1年6か月を加えた2年6か月間

基本手当の受給期間が延長されます（受給期間の最長は４年）。

　なお、所定給付日数が330日の場合は３年から30日を引いた期間、360日の場合は３年から60日を引いた期間が、それぞれ最大延長期間となります。

　延長の申出は、引き続き30日以上働くことができなくなるに至った日の翌日から延長後の受給期間の最後の日までの間にハローワークに申請書を提出します。

◉ 60歳以上の定年による離職の場合も延長できる

　基本手当の受給期間は原則、離職の日の翌日から１年間となります。上記の理由以外にも、60歳以上の定年に達したことによっても受給期間を延長することが可能です。定年後にいったん仕事から離れて、旅行や家族のために時間を使いたいという離職者のための例外規定です。

　申出により、最大で１年間延長することが可能です。つまり、８か月延長の申出を行えば、受給期間は１年８か月になるということです。延長の申出は、離職日の翌日から２か月以内に行う必要があります。

■ 受給期間の延長 ……………………………………………………

| 原則の受給期間 | 離職の日の翌日から１年 |

＋

| 就業できない期間 | 妊娠、出産、育児などの理由で
30日以上就業できない期間（最大３年間） |

↓

最長４年まで受給期間を延長可能

雇用保険の受給手続き

● 被保険者証はなくさずに

退職時に会社から渡される「雇用保険被保険者証」は、雇用保険に加入していたことを証明するものです。これは、入社時に会社がハローワークで被保険者としての資格の取得手続を行った際に発行されます。

勤め先が変わっても、一度振り出された被保険者番号は、変わりません。再就職先にこの被保険者証を提出し、新たな被保険者証を作成して、記録を引き継ぐことになります。失業等給付を受けるのに必要ですので、大切に保管しましょう。

● まずハローワークに離職票を提出する

失業等給付をもらう手続は、自分の住所地を管轄するハローワークに出向いて退職時に会社から受け取った離職票を提出し、求職の申込みをすることからはじまります。

その際に、離職票と雇用保険被保険者証、本人の写真、通帳またはキャッシュカード、運転免許証など住所や年齢を確認できるものを提出して、失業等給付を受給できる資格があるかどうかの審査を受けます。

ハローワークに求職の申込みを行い、失業の状態と認められ受給資格が決定した場合でも、決定日から通算7日間はどんな人も失業等給付を受けることができません。この7日間を待期期間と呼んでいます。7日に満たない失業であれば、手当を支給しなくても、大きな問題はないといえるからです。つまり、待期期間を経た翌日が、失業等給付の対象となる最初の日ということになります。

● 4週間に1度失業認定が行われる

この待期期間を過ぎると4週間に1回、失業認定日にハローワークに行くことになります。ここで失業状態にあったと認定されると、その日数分の基本手当が支給されます。

定年退職や倒産、リストラなどの理由で離職した人は特定受給資格者にあたりますから、給付制限がありません。したがって、待期期間の満了から約4週間後の失業認定日の後、基本手当が指定口座に振り込まれます。

給付制限（123ページ）がある場合とない場合とで、下図のように支給までの流れが異なります。

■ 基本手当が支給されるまでの流れ

●支給までの流れ（給付制限のない場合）

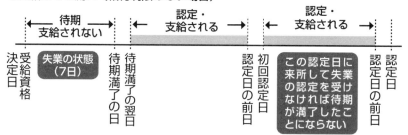

●支給までの流れ（給付制限がある場合）

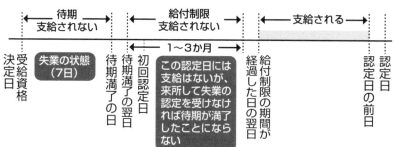

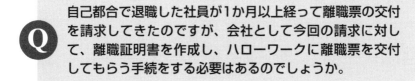

Q 自己都合で退職した社員が1か月以上経って離職票の交付を請求してきたのですが、会社として今回の請求に対して、離職証明書を作成し、ハローワークに離職票を交付してもらう手続をする必要はあるのでしょうか。

A 　離職票とは、労働者が退職した際に事業主の届出に基づいて、公共職業安定所が交付する書類です。

　事業主としては、社員が雇用保険の資格を喪失した日（退職日の翌日）から起算して10日以内に、資格喪失届とともに離職証明書を提出し、離職票交付の手続をしなければなければなりません。

　質問のとおり、離職後直ちに再就職するつもりがない、結婚後は仕事をするつもりがないなどの理由によって、離職票は不要という本人からの意思表示があれば、交付の手続をする必要はありません。しかし、離職票は、基本手当を受給するために必要な書類です。その後に事情が変わって、再就職活動をしなければならなくなったということもあるでしょう。そのため、質問のケースのように、労働者が退職する際に離職票の交付を希望しなかった場合であっても、その後に請求してきた場合には、いつでもこの申出に応じなければなりません。

　なお、離職日現在で59歳以上の退職者の場合は、たとえ本人が離職票は不要だといっても、交付する義務があるので注意してください。

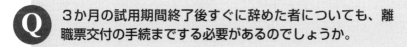

Q 3か月の試用期間終了後すぐに辞めた者についても、離職票交付の手続までする必要があるのでしょうか。

A 　試用期間終了後すぐに辞めた場合でも、離職票は交付しなければなりません。通常、3か月の雇用期間では、基本手当を受給することはできませんが、前の会社を退職した後、基本手当や再就職手当をもらわなかった場合、離職後1年以内の就職であれば前の

被保険者期間が通算されることもあります。

　したがって、雇用保険の被保険者が退職した場合、本人が希望しない場合を除き、退職理由や雇用期間の長短にかかわらず、離職票の交付義務があります。資格喪失届とともに離職証明書を作成し、ハローワークで手続をすることになります。

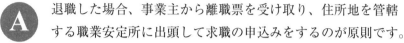

退職者が近々引越しをする予定のようですが、現在の住所で離職証明書を作成しても、引越し先で失業給付の手続はできるのでしょうか。

　　退職した場合、事業主から離職票を受け取り、住所地を管轄する職業安定所に出頭して求職の申込みをするのが原則です。
　この場合の住所地についてですが、退職した時の住所でなくてもかまいません。つまり、離職票に記載されている住所である必要はなく、その手続をする時点の住所地を管轄するハローワークでよいのです。相談のケースのように転居していれば、転居先の住所地を管轄するハローワークが窓口となりますが、貴社を退職した時点の住所が記載されている離職票がそのまま使えます。

　また、求職の申出をすませてから基本手当を受給する前に転居したり、基本手当を受給している途中で転居することも考えられます。こうした場合は、転居後すぐに、新しい住所がわかる身分証明書等を用意して、転居先を管轄するハローワークに申し出ることになります。こうすることによって前の住所地のハローワークとの関係は、そのまま新しい住所地のハローワークに引き継がれます。すでに基本手当を受給している場合は、次の失業の認定日までに住所の変更を行うのが望ましいでしょう。

基本手当の給付制限

● 正当な理由があれば給付制限は解除される

　自己都合で会社を退職する場合、通常、自分から会社を辞める人は何らかの備えをしていますから、失業してもハローワークで手続きをしてから2か月または3か月経過しないと失業手当を受け取れません。これを給付制限といいます。この間、蓄えのない人は、財政的にも精神的にも厳しいでしょう。ハローワークが「特別な事情があって退職を余儀なくされた」と認定してくれれば、会社都合退職として扱われ、給付制限を免れますが、そのようなケースは少ないようです。

　しかし、会社都合退職でなくても、給付制限を受けずに手当を受給できるケースがあります。それは退職について、「正当な理由」がある場合です。「正当な理由」は大きく分けて5つあり、1つでも当てはまれば、給付制限が解除されます。「正当な理由」と認められるケースは、たとえば、病気を理由に退職する場合、家族の介護を理由に退職する場合、単身赴任によって家族との共同生活が困難になったことを理由に退職する場合などです（次ページの図）。

　前述した給付制限は、「公共職業訓練を受ける期間」については、課されないことになっています。つまり、制限期間中に職業訓練を開始すれば、受講開始日から給付制限が外れるということです。このしくみを利用すれば、給付制限期間を短くすることが可能です。そのためには、退職前から段取りよく行動する必要があります。受給手続き開始後から、訓練の受講を考え始めるのでは、受講開始までにかなり時間がかかってしまうからです。それでは、2か月または3か月の給付制限が終わるのを待つのと変わらなくなる恐れがあります。

● 職業指導などを拒むと給付制限がある

　失業手当は、就職しようとする積極的な意思がなければ給付されません。失業認定日などにハローワークに行った際、就職しようとする意志がないと判断されてしまうと給付制限が行われます。

　具体的には、ハローワークの紹介する職業に就くことを正当な理由なく拒んだ場合、公共職業訓練を受けることを正当な理由なく拒んだ場合、1か月間は、失業手当が支給されません。また、再就職を促進させる職業指導を拒んだ場合は1か月を超えない範囲で失業手当が支給されません。

　さらに、偽りや不正行為により失業手当を受けようとしたとき、または受けたときは、その日以後の失業手当は支給されません。

■ 正当な理由 ……………………………………………………………

正当な理由

- 体力の不足、心身の障害、疾病、負傷、視力の減退、聴力の減退、触覚の減退等により離職した者

- 妊娠、出産、育児等により離職し、雇用保険法が定める受給期間延長措置を受けた者

- 父・母の死亡、疾病、負傷等のため、父・母を扶養するために離職を余儀なくされた場合のように、家庭の事情が急変したことにより離職した場合

- 配偶者または扶養すべき親族と別居生活を続けることが困難となったことにより離職した場合

- 結婚に伴う住所の変更、育児に伴う保育所の利用といった理由などで通勤不可能または困難となったことにより離職した場合

- 企業の人員整理等で希望退職者の募集に応じて離職した場合など

Q 自己都合で退職した場合は必ず給付制限が行われるのでしょうか。

A 自己都合で退職した場合、すべて2か月または3か月の給付制限期間があると考える人が少なくありません。ところがそうではないのです。「正当な理由がある自己都合退職」であれば、給付制限はなく、待期満了の翌日から支給されます。

「正当な理由がある自己都合」とは、①体力・視力・聴力などの減退、疾病やうつ病などで療養のため業務ができなくなったことによる退職、②妊娠、出産、育児などにより退職し、受給期間の延長をした場合、③父母の死亡や看護など、家庭事情の急変による退職、④両親や家族と同居するために引越しをして通勤が困難になったことによる退職、などがあります。

また、以下の理由で通勤することが不可能または困難になったことによる退職も対象となります。

ⓐ　結婚に伴う住所の変更

ⓑ　育児のための保育所など施設の利用または親族などへの保育の依頼

ⓒ　事業所の、通勤困難な場所への移転

ⓓ　本人の意思の反しての住所の移転

ⓔ　鉄道、バスその他の交通機関の廃止または運行時間の変更など

ⓕ　事業主の命令による転勤または出向に伴う別居を避けるため

ⓖ　配偶者の事業主の命令による転勤または出向に伴う別居を避けるため

その他、「早期退職優遇制度」などの、企業整備のための人員整理の制度に、希望退職者として応募し退職した場合も、「正当な理由がある自己都合退職」として扱われます。

なお、退職理由について退職者の主張のみで判断されるのではなく、事業主の主張の確認や事実を確認できる資料などから、最終的には公共職業安定所が判定します。

傷病手当と寄宿手当

● 15日以上の間働けない場合は傷病手当を受ける

　ハローワークに行って（出頭）、求職の申込みをした後に、引き続き30日以上働くことができなかったときは、受給期間の延長をすることができます（117ページ）。

　また、疾病または負傷が原因で継続して15日以上職業に就けない場合は、傷病手当支給申請書を提出することで基本手当に代えて、傷病手当を受給することができます。傷病手当も求職者給付のひとつです。

　15日未満の病気やケガなどについては、傷病証明書により失業の認定が受けられます。つまり、基本手当の対象です。一方で、15日以上の傷病の場合、基本手当が支給されないため、傷病期間中の生活保障が十分行われない可能性があります。そのため、傷病手当は基本手当の代わりに支給され、生活保障の目的を持った給付だといえます。

● 傷病手当の支給要件と支給額

　傷病手当が支給されるのは、一般被保険者だけです。傷病手当の受給要件は次の3つです。

① 受給資格者であること
② 離職後、ハローワークに出頭し、求職の申込みをすること
③ 求職の申込み後に病気やケガのため、継続して15日以上職業に就けない状態にあること

　傷病手当の支給額は基本手当とまったく同額です。単に名前が変わって支給されるものと考えておけばよいでしょう。傷病手当の支給日数は、求職の申込みをした労働者の基本手当の所定給付日数から、その労働者がすでに支給を受けた給付日数を差し引いた日数になります。

なお、基本手当の待期期間や給付制限期間については、傷病手当は支給されません。また、30日以上引き続いて病気やケガのために職業に就くことができない場合に、受給期間を延長（最大４年）した場合は、傷病手当においてはその延長はないものとして扱われ、延長がないものとした場合の支給できる日数が限度となります。

● 他の給付が受けられる場合には支給されない

　傷病手当は、同一の病気やケガについて、健康保険法による傷病手当金（195ページ）、労働基準法に基づく休業補償または労災保険法に基づく休業（補償）給付が受けられる期間については支給されません。

● 家族と離れて暮らすときには寄宿手当も出る

　雇用保険の受給資格者が公共職業訓練等を受けるために、扶養家族（配偶者や子など）と離れて暮らす必要がある場合には、その期間について、寄宿手当が支給されます。寄宿手当の支給額は月額１万700円（定額）です。ただし、１か月のうち、家族と一緒に暮らしている日などについては、１万700円からその分減額して寄宿手当が支給されることになります。

■ 傷病手当の受給要件 ……………………………………………

受給要件

①受給資格者（一般被保険者であること）であること

②離職後、公共職業安定所に出頭し、求職の申込みをすること

③求職の申込み後に病気やケガのため、継続して15日以上職業に就けない状態にあること

その他の求職者給付

● 技能習得手当には２種類ある

　雇用保険の基本手当（求職者給付のこと）を受給する権利のある者（受給資格者）が公共職業安定所長の指示する公共職業訓練を受講する場合、その受給期間について、基本手当に加えて、技能習得手当が支給されます。技能習得手当には、①受講手当と②通所手当の２つの種類があります。

① 受講手当

　受給資格者が公共職業安定所長の指示する公共職業訓練などを受講した日であって、かつ基本手当の支給の対象となる日について１日あたり500円（40日分を限度）が支給される手当です。待期期間（７日間）、給付制限される期間、傷病手当（128ページ）が支給される日、公共職業訓練を受講しない日については受講手当が支給されません。いわば訓練生の昼食代補助のようなものです。

② 通所手当

　公共職業安定所長の指示する公共職業訓練等を受講するために電車やバスなどの交通機関を利用する場合に支給される交通費です。マイカーを使った場合も支給の対象となります。原則として、片道２km以上ある場合に支給されます。支給額は通所（通学）距離によって決められていて、最高額は４万2500円です。基本手当の支給の対象とならない日や公共職業訓練等を受ける期間に属さない日があるときは、その分、日割り計算で減額して支給されます。

● 高年齢被保険者への給付はどうなっているのか

　高年齢被保険者とは、65歳以上の被保険者のことです。高年齢被保

険者に支給される給付を高年齢求職者給付金といいます。受給できる金額は、65歳前の基本手当に比べてかなり少なくなり、基本手当に代えて、基本手当の50日分（被保険者として雇用された期間が1年未満のときは30日分）の給付金が一括で支給されます。また、高年齢被保険者の失業の認定は、1回だけ行われるため、失業認定日に離職をしていればよく、翌日から就職したとしても上記の日数が減額されることはありません。

● 短期雇用特例被保険者への給付はどうなっているのか

短期雇用特例被保険者とは、季節的業務（夏季の海水浴場での業務など）に雇用される者のうち、雇用期間が4か月以内の者及び週の労働時間が30時間未満の者を除いた者のことです。短期雇用特例被保険者に支給される求職者給付を特例一時金といいます。その名のとおり一時金（一括）で支給されます。

特例一時金の支給額は、基本手当日額の30日分（ただし、当分の間40日分）になります。ただ、失業の認定日から受給期限（離職日の翌日から6か月）までの日数が30日未満の場合は、受給期限までの日数分だけが支給されることになります。

■ 技能習得手当 ･･

① 受講手当
1日あたり原則 500 円 （上限 20,000 円）

② 通所手当
交通費実費 （1か月の上限 42,500 円）

⑬ 就業促進手当①

● 再就職を応援するのが就職促進給付

　雇用保険には失業したときに支給される給付だけでなく、失業者の再就職活動をより直接的に援助・促進するための給付があります。これを就職促進給付といいます。就職促進給付には支給目的によって次ページの図の3つの種類があります。

● 再就職手当は早期再就職したときに支給される

　再就職手当は、受給資格者（失業した一般被保険者で基本手当の受給資格のある者）が失業後、早期に再就職した場合に支給されます。支給額は所定給付日数の支給残日数に基本手当日額を掛けて算出した金額の原則6割に相当する額です。

　ただし、再就職日の前日の支給残日数が所定給付日数の3分の2以上であった場合は、7割に相当する額が支給されます。つまり、より早期に再就職をした者に対するボーナス的な意味合いがあります。

　再就職手当は、受給資格者が以下の要件のすべてに該当する場合に支給されます。

① 受給手続き後、7日間の待期期間満了後に就職、または事業を開始したこと。

② 就職日の前日までの失業の認定を受けた上で、基本手当の支給残日数が、所定給付日数の3分の1以上あること。

③ 離職した前の事業所に再び就職したものでないこと。また、離職した前の事業所と資本・資金・人事・取引面で密接な関わり合いがない事業所に就職したこと。

④ 自己都合などの理由で離職したために給付制限を受けている場合

には、求職申込み後、待期期間満了後1か月の期間内は、ハローワークまたは職業紹介事業者の紹介によって就職したものであること。

⑤　1年を超えて勤務することが確実であること、または、事業を開始したこと。

⑥　過去3年以内の就職について、再就職手当または常用就職支度手当の支給を受けたことがないこと。

⑦　受給資格決定（求職申込み）前から採用が内定した事業主に雇用されたものでないこと。

⑧　再就職手当の支給決定の日までに離職していないこと。

⑨　再就職手当を支給することが受給資格者の職業の安定に貢献すると認められること。

◉ 1か月以内に申請手続をすること

　再就職手当の手続きは、支給申請書に必要事項を記入し、ハローワークに提出します。この申請書には、受給資格者証などを添付する必要があります。提出は、就職した日または事業開始日の翌日から1か月以内にハローワークに直接あるいは郵送、電子申請で行います。

■ 就職促進給付の種類 ……………………………………………

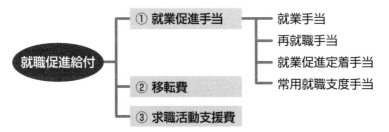

就業促進手当②

● 常用就職支度手当とはどんな給付か

　せっかく再就職が決まっても一定の支給残日数が残っていない場合、再就職手当は受けられません。

　しかし、基本手当の受給資格者（基本手当の支給残日数が所定給付日数の3分の1未満である者に限る）、高年齢受給資格者、特例受給資格者、日雇受給資格者で、障害者など一般に就職が困難な人が再就職した場合で、一定の要件を満たすと常用就職支度手当が支給されます。この支度手当は、就職が困難な人が、ハローワークの紹介で、1年以上雇用されることが確実な安定した職業についた場合、支給されるものです。常用就職支度手当の支給額は、原則として基本手当日額の90日分の4割に相当する額です。

　なお、前述の再就職手当の支給要件に該当した場合には、再就職手当が支給され、常用就職支度手当は支給されないことになります。常用就職支度手当の支給を受けるには、就職した日の翌日から1か月以内に「常用就職支度手当支給申請書」と「受給資格者証」をハローワークに提出する必要があります。

● 就業手当とはどんな給付か

　雇用保険の失業等給付の受給者は、離職後、すべて正社員として再就職できるわけではありません。中には、パートや人材派遣、契約社員の形で働くことになる人もいます。また、実際このような正社員以外の雇用形態が増えてきています。そこで、こうした再就職手当（130ページ）の受給要件に該当しない人に支給されるのが、就業手当です。

　就業手当の支給額は、基本手当日額の30％に相当する額で、就業日

ごとに支給されます。就業手当を受給するには、原則として、失業の認定にあわせて、4週間に1回、前回の認定日から今回の認定日の前日までの各日について、「就業手当支給申請書」に、受給資格者証と就業した事実を証明する資料（給与明細書など）を添付してハローワークに申請する必要があります。

　支給要件は、職業に就いた日の前日における基本手当の支給残日数が、所定給付日数の3分の1以上かつ45日以上であること、などがあります。

● 就業促進定着手当

　再就職手当の支給を受けた者が、引き続き6か月以上雇用され、そこでの会社の賃金が前の会社での賃金よりも低い場合に就業促進定着手当が支給されます。そのため、支給額は、前の会社と再就職後の会社の賃金の差額の6か月分が支給されます。ただし、基本手当日額に支給残日数を掛けた40％が上限額として設定されています。

　この手当を受給するには、就業した日から6か月経過した日の翌日から2か月以内に「就業促進定着手当支給申請書」に受給資格者証、6か月間の給与明細などを添付してハローワークに申請する必要があります。

■ 常用就職支度手当の額 ……………………………………………

支給残日数	常用就職支度手当の額
90日以上	90日分×基本手当日額×40％ ※
45日以上90日未満	支給残日数×基本手当日額×40％
45日未満	45日分×基本手当日額×40％

※所定給付日数が270日以上の受給資格者は、支給残日数にかかわらずこの額になる

移転費・求職活動支援費

● 要件を満たせば移転費がもらえる

　ハローワークの紹介で就職先が決まった者の中には、再就職のために転居が必要な者もいるでしょう。このような場合には「移転費」が支給されます。移転費が支給されるのは次の①または②のいずれかに該当し、公共職業安定所長が必要と認めた場合です。

①　受給資格者がハローワークの紹介した職業に就くため、住所または居所を変更する場合

②　公共職業安定所長の指示した公共職業訓練などを受けるため、住所または居所を変更する場合

　なお、住所または居所の変更が必要であると認められる場合は以下のとおりです。

①　通勤（通所）時間が往復4時間以上である場合

②　交通機関の始発や終発の便が悪く、通勤（通所）するために著しい障害がある場合

③　移転先の事業所や訓練施設の特殊性、事業主の要求により移転を余儀なくされている場合

　移転費には、鉄道賃、船賃、航空賃、車賃、移転料、着後手当の6つの種類があります。鉄道運賃、船賃、車賃、移転料は支給対象者に同伴する同居の親族の分も加算して支給されます。また、移転料と着後手当は単身者の場合、半額分が支給されます。航空賃は、現に支払った旅客運賃の額が支給されます。

　移転費の支給を受ける場合は、引っ越した日の翌日から1か月以内にハローワークに支給申請書を提出します。

　なお、移転費は失業等給付の受給資格者が対象になります。また、

ハローワークの紹介で就職先が決まった者が支給の対象ですので、県外などの遠方で自営業をはじめた者などは支給の対象にはなりません。

● 求職活動支援費が支給される場合とは

自分にあった働き口を探すために、県外に行ったりして就職活動を行う者もいます。これらの者は就職活動に相当の交通費がかかります。このような場合に役に立つのが雇用保険の求職活動支援費の中の広域求職活動費です。

広域求職活動とは、雇用保険の失業等給付の受給資格者がハローワークの紹介で、そのハローワークの管轄区域外にある会社などの事業所を訪問したり、面接を受けたり、事業所を見学したりすることをいいます。結果的に就職できなかった場合でも、広域求職活動費は支給を受けることができます。なお、訪問する事業所から広域求職活動のための費用が支給されたとしても、広域求職活動費の額に満たない場合はその差額が支給されることになっています。

他にも、求職活動支援費では、公共職業安定所の職業指導により再就職に必要な教育訓練の受講費の支給（短期訓練受講費）や、面接や教育訓練の際、子どもの保育サービスを利用した場合などに本人負担の一部を支給（求職活動関係役務利用費）する制度が設けられています。

■ 求職活動支援費の種類 ··

求職活動
支援費

① 広域求職活動費
広範囲の地域にわたる求職活動の交通費など

② 短期訓練受講費
職業指導により受講した教育訓練の費用

③ 求職活動関係役務利用費
面接などで子どもの保育サービスを利用した際の費用など

16 雇用継続給付

● 雇用継続給付は失業予防のための給付である

　急激な雇用情勢の変化の中で、労働者にさまざまな問題が起きています。たとえば、年をとって労働能力が低下し、賃金収入が低下したり、育児休業のため、賃金収入がなくなるなどです。このような問題に対応するため、雇用保険において、「雇用の継続が困難となる事由」が生じた場合を失業の危険性があるものとして取り扱うこととしました。これが雇用継続給付（高年齢雇用継続給付・育児休業給付）です。同様の目的から介護休業取得者に支給する介護休業給付も設けられています。

● 育児休業をした場合は育児休業給付金が支給される

　少子化や女性の社会進出に対応するため、育児休業を取得しやすくすることを目的とした給付が育児休業給付です。育児休業給付には、育児休業期間中に支給される「育児休業給付金」と、令和4年10月から施行された産後パパ育休（出生時育児休業）期間中に支給される「出生時育児休業給付金」があります。育児休業給付金の支給額は、支給対象期間（1か月）当たり、原則として、休業開始時賃金日額×支給日数（原則として30日、出生時育児休業は28日が上限）の67％（育児休業給付金は休業日数が通算して〈出生時育児休業給付金が支給された場合は、その日数も通算されます〉180日以降は50％、）相当額です。

　育児休業給付は、一般被保険者が1歳または1歳2か月（支給対象期間の延長できる理由がある場合には1歳6か月または2歳）未満の子を養育するために、また、出生時育児休業給付は、子の出生から8週間を経過する日の翌日まで、育児休業を取得した場合に支給される給付金です。休業開始前の2年間に賃金支払基礎日数（実際に労働した日の

他に有給休暇を取得した日なども含めた日数のこと）が11日以上ある月が12か月以上あれば、育児休業給付金を受給することができます。ただし、育児休業給付は育児休業の取得を促進し、育児休業中の生活の安定を目的とするものですから、育児休業期間中の各月について、勤め先から、休業開始前の月給の8割以上の賃金が支払われている場合には支給されません。また、支給対象期間（わかりやすくいうと、1か月間）に11日以上または80時間を超えるの就業を行うと支給が行われません。

● 介護休業をした場合は介護休業給付が支給される

被保険者が家族（配偶者や父母、子など一定の家族）を介護するために、介護休業を取得した場合に支給されます。介護休業給付を受けることができるのは、介護休業開始前2年間に、賃金の支払の基礎となった日数が11日以上ある完全月が12か月以上ある（令和2年8月1日以降開始者は、賃金の支払の基礎となった日数が11日以上ある完全月が12か月以上ない場合は、完全月に賃金の支払の基礎となった時間数が80時間以上ある場合に1月として算定）被保険者です。介護休業給付は、介護休業開始日から通算して93日（分割する場合は3回まで）を限度として、介護休業開始時賃金日額の67%（原則）相当額が支給されます。

■ 雇用継続給付の種類 ··

給付の種類	給付の名称	内　容
高年齢 雇用継続給付	高年齢雇用継続 基本給付金	60歳以降に基本手当を受給せずに 雇用を継続する場合に支給される
	高年齢 再就職給付金	60歳以降に基本手当を受給し、 再就職した場合に支給される
（出生時） 育児休業給付	（出生時） 育児休業給付金	育児休業中に支給される
介護休業給付	介護休業給付金	介護休業中に支給される

高年齢者のための雇用継続給付

● 高年齢雇用継続給付は60 ～ 65歳を対象とする

　今後の急速な高齢者の増加に対応するために、労働の意欲と能力のある60歳以上65歳未満の者の雇用の継続と再就職を援助・促進していくことを目的とした給付が高年齢雇用継続給付です。高年齢雇用継続給付には、①高年齢雇用継続基本給付金と②高年齢再就職給付金があります。

● 高年齢雇用継続基本給付金は賃金低下時に支給される

　高年齢雇用継続基本給付金が支給されるのは、60歳以上65歳未満の一般被保険者です。被保険者（労働者）の60歳以降の賃金が60歳時の賃金よりも大幅に低下したときに支給されます。具体的には、60歳時点に比べて各月の賃金額が75％未満に低下した状態で雇用されているときに次ページの図のような額の高年齢雇用継続基本給付金が支給されます。なお、令和7年4月からは、60歳以後の各月の賃金額が60歳到達前の賃金額の64％未満となった場合、各月の賃金額に「10％」を乗じた額が支給されることになります。また、賃金の低下率が64％以上75％未満の場合には「10％から一定割合で逓減する率」を乗じた額が支給されます。賃金の低下率が61％未満から64％未満に、賃金額に掛ける率が15％から10％に、それぞれ変更されることになります。

　60歳到達日（「60歳の誕生日の前日」のこと）において被保険者であった者が高年齢雇用継続基本給付金を受給するためには、被保険者であった期間が5年以上あることが必要です。

　60歳到達日において被保険者でなかった者であっても、その後再就職して被保険者になった場合には、高年齢雇用継続基本給付金の支給を受けることができます。この場合、60歳到達前の離職した時点で、

被保険者であった期間が5年以上あり、離職した日から1年以内に再就職する必要があります。

　高年齢雇用継続基本給付金が支給されるのは、原則として、被保険者の60歳到達日の属する月から65歳に達する日の属する月までの間です。

　ただし、60歳到達時点において、高年齢雇用継続基本給付金の受給資格を満たしていない場合は、受給資格を満たした日の属する月から支給されます。

● 高年齢再就職給付金は早期再就職時に支給される

　雇用保険の基本手当を受給していた60歳以上65歳未満の受給資格者が、基本手当の支給日数を100日以上残して再就職した場合に支給される給付です。高年齢再就職給付金の支給要件と支給額については、高年齢雇用継続基本給付金と同じです。

　新たに被保険者となった日の属する月から高年齢再就職給付金が支給されます。支給期間は基本手当の支給残日数によって異なります。基本手当の支給残日数が200日以上の場合は、被保険者となった日の翌日から2年を経過した日の属する月まで、支給残日数が100日以上200日未満の場合は、被保険者となった日の翌日から1年を経過した日の属する月までの支給となります（支給期間内に65歳に達した場合は、65歳に達する日の属する月までの支給となります）。

■ 高年齢雇用継続基本給付金の支給額 ……………………………

支払われた賃金額		支　給　額
×みなしの賃金日額30の	61%※1未満	実際に支払われた賃金額×15%※2
	61%※1以上75%未満	実際に支払われた賃金額×15%※2から一定の割合で減らした率
	75%以上	不支給

※1　令和7年4月以降は64%　　※2　令和7年4月以降は10%

18 教育訓練給付

● 教育訓練給付とはどんな制度なのか

会社などで働いている者の中には、スキルアップのために特殊技術を習得したり、外国語を学習したり、資格をとったりする者もいます。働く人のこのような主体的な能力開発の取り組みを国でも支援しようというのが教育訓練給付の制度です。

教育訓練給付の支給を受けることができるのは次のいずれかに該当する者で、厚生労働大臣の指定する教育訓練を受講し、訓練を修了した者です。

① **雇用保険の一般被保険者、高年齢被保険者**

厚生労働大臣が指定した教育訓練の受講を開始した日（受講開始日）において雇用保険の一般被保険者、高年齢被保険者である者のうち、支給要件期間が3年以上（当分の間、初回に限り1年以上）ある者

② **雇用保険の一般被保険者、高年齢被保険者であった者**

受講開始日において一般被保険者、高年齢被保険者でない者のうち、その資格を喪失した日（離職日の翌日）以降、受講開始日までが1年以内であり、かつ支給要件期間が3年以上ある者

● 支給額は教育訓練内容によって異なる

給付金の支給額は、一般教育訓練、専門実践教育訓練、特定一般教育訓練によって異なります。専門実践教育訓練は、中長期的なキャリア形成を行う専門的かつ実践的な教育訓練です。特定一般教育訓練は、労働者のすみやかな再就職および早期のキャリア形成を目的とする教育訓練です。一般教育訓練は、それ以外のものをいいます。

支給額は、次ページ図のように受講者本人が教育訓練施設に対して

支払った教育訓練経費の20〜70％です。ただし、教育訓練にかかった経費が4,000円を超えない場合は支給されません。なお、専門実践教育訓練は原則として1〜3年ですが、最短4年の専門実践教育訓練を受講する人はさらに1年追加される場合があります。

● 教育訓練支援給付金とは

専門実践教育訓練を受講する者で、訓練開始時に45歳未満で一定の条件に該当する者が、訓練期間中、失業状態にある場合に教育訓練支援給付金が支給されます。支給額は、基本手当日額の80％に相当する額です。支給日数は、訓練開始日から修了日までの失業の認定を受けた日です。なお、基本手当が支給される場合、教育訓練支援給付金は支給されません。つまり、基本手当の支給が終了した後、訓練期間中である場合に金銭的負担を軽減するための給付金制度だといえます。

ただし、この制度は訓練を令和7年3月31日までに開始しなければなりません。

■ 教育訓練給付 ···

区分	支給率	上限額
①一般教育訓練を受け、修了した者	20%	10万円
②専門実践教育訓練を受け、修了した者	50%	120万円※1
③②に加えて、1年以内に一般被保険者 または高齢被保険者として雇用された者	70%	168万円※2
④特定一般教育訓練を受け、修了した者	40%	20万円

※1 1年間で40万円を超える場合の支給額は40万円で、訓練期間が最大で3年のため、120万円が上限となる。
※2 訓練期間が3年の場合168万円が上限、2年と1年の場合はそれぞれ112万円、56万円が上限となる。

資料　退職前後にしておく手続き

雇用保険	退職前	・退職後、失業せずに就職できるかどうかの見通しを立てる ・基本手当の金額の計算に使用するため、退職前6か月間の給与明細を保管する ・雇用保険被保険者証の有無を確認 ・離職票を確認（離職票はハローワークに提出する前にコピーをとっておくとよい）
	退職後	・求職の申込みと受給資格決定 ・7日間の待期期間を経る ・4週間に1度ハローワークで失業の認定を受ける ・失業認定日から1週間程度で所定日数分の基本手当が支給される（自己都合の場合、2か月または3か月の給付制限期間はもらえない）
健康保険	退職前	・健康保険証の返却 ・退職後に加入する健康保険についての情報を集める ・健康保険証のコピーをとっておく
	退職後	・任意継続する場合、退職日の翌日から20日以内に協会けんぽまたは会社の健康保険組合で手続きをする ・国民健康保険に加入する場合、退職日の翌日から14日以内に、退職者の住所地を管轄する市区町村役場で手続きをする ・会社に申請して健康保険資格喪失証明書を入手する ・家族の被扶養者になる場合、退職日の翌日から5日以内に扶養者が扶養者の勤務先で手続きを行う
年金	退職前	・ねんきん定期便などで、加入期間や受給見込額に不審な点がないかを確認する ・年金手帳または基礎年金番号通知書の有無を確認 ・年金加入歴の確認 ・年金見込額の試算（定年退職者）
	退職後	・60歳以上の老齢年金を受給できる退職者の場合、年金手帳または基礎年金番号通知書を用意し、年金事務所に老齢給付の受給手続きを行う（裁定請求書の提出） ・国民年金の種別変更手続き
税金	退職前	・退職所得の受給申告書を作成
	退職後	・退職前に勤めていた会社に、確定申告に必要な源泉徴収票の発行を依頼する ・確定申告

第5章

社会保険のしくみ

1 社会保険とは

● 健康保険と厚生年金保険の手続きは一緒に行われる

社会保険の実務では、通常、労働者災害補償保険と雇用保険を労働保険と呼び、健康保険、厚生年金保険、介護保険などのことを社会保険と呼びます。健康保険と厚生年金保険は、給付の目的や内容が異なりますが、適用事業所など多くの部分で共通点があることから、健康保険と厚生年金保険の手続きを一緒に行うケースが多くあります。健康保険と厚生年金保険は一般的に同時にセットで加入しますので、健康保険の適用事業所と厚生年金保険の適用事業所は原則として同じです。

社会保険は事業所単位で適用されます。事業所とは、本店（本社）の他、支店、出張所、工場など、一定の場所のことです。そこで働く従業員への賃金の支払いや、人事・労務管理などが独自に行われている場合には、それぞれが適用事業所となります。ただ、出張所や工場などで社会保険の事務を処理することができないような場合は、本社で一括して事務処理を行うこともできます。

社会保険の適用事業所は、①強制適用事業所と、②任意適用事業所の2つに分類することができます。

① 強制適用事業所

強制的に社会保険が適用される事業所を強制適用事業所といいます。会社などの法人の場合は、事業の種類に関係なく1人でも従業員がいれば、社会保険に加入しなければなりません。

法人の代表者は法人に使用されている者と考えるため、従業員には、一般の社員に限らず、法人の代表者（社長）やその家族従事者、役員（取締役）なども含みます。

一方、個人事業主の事業所の場合は、強制的にすべての事業者が社

会保険に加入しなければならないわけではありません。個人の事業所の場合、一定の業種（工業や金融業などの16業種）の事業所で、5人以上の従業員（個人の場合、事業主本人は加入できないため、5人の中には含みません）がいるときに社会保険の適用事業所となります。

② **任意適用事業所**

強制適用事業所に該当しない事業所であっても社会保険に加入することができます。強制適用事業所でない事業の事業主が社会保険への加入を希望する場合は、被保険者となることができる従業員の2分の1以上の同意を得て、年金事務所に加入申請を行う必要があります。そして、厚生労働大臣の認可を受けることによって適用事業所となります。このようにして社会保険に加入することになった事業所を任意適用事業所といいます。

また、任意適用事業所の場合は、被保険者の4分の3以上の同意がある場合は、事業主の申請に基づき、厚生労働大臣の認可を受け、任意適用を取り消すことができます。この場合、従業員の全員が被保険者資格を喪失します。

● 健康保険の被保険者になる人とならない人

適用事業所に常勤で使用される労働者は、原則としてすべて被保険者となります。役職や地位には関係ありません。

■ **適用事業** ···

適用事業
- ①**強制適用事業所**
  ⇒ 法人の場合、1人でも従業員がいれば社会保険に加入する
- ②**任意適用事業所**
  ⇒ 被保険者となることができる従業員の2分の1以上の同意を得て、年金事務所に加入申請を行う

代表者や役員も法人に使用されるものとして被保険者になります。法人についてはどのような会社であっても社会保険の強制適用事業所となるため、社長1人だけの会社であっても健康保険に加入しなければなりません。一方、個人事業者の場合の事業主は被保険者にはなれません（適用除外）ので注意が必要です。

また、パートタイマーやアルバイトなどの労働者は、必ずしも被保険者となるわけではありません。アルバイトやパートタイマーは、その就業実態を総合的に考慮して判断されますが、正規の社員（労働者）の勤務時間と勤務日数の両方がおおむね4分の3以上勤務する場合に被保険者となります。

たとえば、正社員の所定労働時間が1日8時間の会社で、勤務日数は1か月20日と正社員とほぼ同様に働いていたとしても、1日の勤務時間が4時間（8時間の4分の3未満）のパートタイマーは社会保険未加入者となります。これに対して、1か月の勤務日数が16日、勤務時間が6時間（8時間の4分の3）であれば、勤務日数・勤務時間ともに正社員の4分の3以上となるので、社会保険の加入者となります。

● 厚生年金の被保険者になる人とならない人

74歳まで加入できる健康保険と異なり厚生年金保険の被保険者は70歳未満の者とされています。つまり、70歳以上の者が適用事業所に勤務していた場合、その人は、健康保険については被保険者になりますが、厚生年金保険については被保険者としては扱われません。ただし、70歳になっても年金の受給資格期間（10年）を満たさず、年金を受給できない場合には、70歳以降も引き続き厚生年金に加入できる「高齢任意加入」という制度を利用することができます。

● 短時間労働者の加入基準

「正規の社員と比べ勤務時間と勤務日数のおおむね4分の3以上」

が短時間労働者の社会保険への加入基準となっていますが、この基準以下の短時間労働者であっても、次の①～⑤のすべての要件に該当する場合は、健康保険・厚生年金保険に加入することができます。

① 週の所定労働時間が20時間以上あること。
② 賃金の月額8.8万円以上であること。
③ 昼間部学生でないこと。
④ 被保険者数が常時101人以上（令和6年10月からは51人以上）の企業に勤めていること。

　ただし、④については、下記に該当する被保険者が常時100人（令和6年10月からは50人）以下の企業でも社会保険に加入することが可能です。

ⓐ 労使合意に基づき申出をする法人・個人の事業所
ⓑ 国・地方公共団体に属する事業所

■ 健康保険の被保険者となる者 ……………………………………

	従業員区分	左の者が被保険者となる場合
❶	②～⑤以外の正社員	常に被保険者となる
❷	アルバイト・パートタイマー	正社員の勤務時間と日数の概ね4分の3以上勤務する者
❸	日雇労働者	1か月を超えて引き続き使用される者
❹	季節労働者	当初から4か月を超えて使用される者
❺	臨時的事業に雇用される者	当初から6か月を超えて使用される者

社会保険料の決定方法

◉ 社会保険の保険料は労使折半で負担する

　社会保険の保険料は、被保険者の報酬に保険料率を掛けて算出した保険料を、事業主と労働者で折半して負担します。被保険者の負担分は、事業主が毎月の給料や賞与から天引き（控除）して預かります。

　ただ、毎月の給料計算のたびに給料に保険料率を掛けて保険料を算出していたのでは、給料計算事務の担当者の事務負担が相当なものになってしまいます。そのため、社会保険では、あらかじめ給料の額をいくつかの等級に分けて、被保険者の給料をその等級にあてはめることによって保険料を決定するというしくみを採用しています。

　なお、賞与にかかる社会保険料も、給料と基本的に同様で、標準賞与額に保険料率を掛けて求めた額になります。

　給料から控除する保険料の決め方には、資格取得時決定、定時決定、随時改定の３つのパターンがあります。

・資格取得時決定

　会社などで新たに労働者を採用した場合、その労働者の給料（社会保険では「報酬」といいます）から控除する社会保険料を決定する必要があります。この場合に行われるのが資格取得時決定です。控除される保険料は採用時の報酬を基準に算出します。採用時の報酬をあらかじめ区分された報酬の等級にあてはめます。

　このようにして決定された報酬月額は、一定期間使用することになります。使用期間（有効期間）は資格取得日によって変わってきます。１月１日〜５月31日までに決定された場合は、その年の８月31日まで有効です。一方、６月１日〜12月31日までに決定された場合は、その年の翌年の８月31日まで有効になります。いずれの場合も９月以降

については、後述する定時決定により、新たな報酬月額が決まります。

・定時決定

　定時決定とは、毎年7月1日現在において、その事業所に在籍する労働者の4、5、6月に実際に支払われた報酬額を基準にして、新たな報酬月額を決定する手続きです。定時決定は被保険者全員を対象とするのが原則ですが、その年の6月1日以降に被保険者となった者とその年の7、8、9月のいずれかから随時改定によって標準報酬が改定される者は対象外です。

　病気などで長期間休職している場合のように、4月〜6月の3か月間に報酬支払基礎日数（給与計算の対象となる日数のこと）がなかった労働者については、従前（前年）の標準報酬月額をそのまま使用します。また、特定適用事業所に勤務する短時間労働者の定時決定は、4、5、6月のいずれも支払基礎日数が11日以上で算定します。

　新しい報酬月額は、「（4〜6月に受けた報酬の額）÷ 3」という式によって求めた額を報酬月額表にあてはめて、年金事務所が決定します。新しく決定された（年金事務所から通知を受けた）標準報酬月額は、その年の9月1日から改定されます。なお、社会保険料は当月

■ **定時決定による社会保険料の改定** ……………………………………

※月17日に満たない場合は一定の条件で改定を行う。

分を翌月の報酬から控除しますから、10月1日以降に支給される報酬から新しい社会保険料を控除することになります。

・随時改定

　標準報酬月額の改定は原則として1年に1回だけ行います。しかし、現実的には、定時昇給（一般的には4月）以外のときに大幅な報酬額の変更（昇給または降給）が行われることもあります。そこで、以下のすべての条件に該当するときには、次の定時決定を待たずに標準報酬月額を変更することができます。これが随時改定です。

① 報酬の固定的部分（基本給、家族手当、通勤手当など）に変動があったこと

② 継続した3か月間の各月の報酬（残業手当などの変動する部分も含む）が現在の標準報酬月額に比べて2等級以上上がった（下がった）こと

③ 3か月とも報酬支払基礎日数が17日以上あること（特定適用事業所に勤務する短時間労働者は11日以上）

　なお、①の固定的部分の変動があったことに該当するものには、次のような場合があります。

・昇給（ベースアップ）や降給（ベースダウン）

・住宅手当や役職手当などの固定的な手当の追加、支給額の変更

・給与体系の変更（日給から月給への変更など）

・日給、時間給の基礎単価（日当や単価）の変更

・歩合給や請負給などの単価、歩合率の変更

● 算定基礎届の提出

　定時改定の手続きは、7月1日現在雇用するすべての被保険者の4、5、6月に支払った報酬を算定基礎届に記載し、提出します。届出は、6月下旬頃に届出用紙が各事業所に郵送され、7月1日から10日までに指定の場所へ提出します。提出方法も多様化しており、電子申請を

することも可能です。

　提出する書類は、「健康保険・厚生年金保険被保険者報酬月額算定基礎届（算定基礎届）」です。

　「算定基礎届」は、個々の労働者の標準報酬月額を決定し、次の9月から翌年の8月分まで使用する保険料額を決めるための書類です。正社員だけでなく、パートタイマーやアルバイトなどの短時間労働者も被保険者であれば、届出が必要です。70歳以上の従業員（70歳以上被用者）の届出も必要です。本来70歳であれば、厚生年金保険の資格を喪失します。一方で、老齢厚生年金を受給しているのが一般的です。給与と年金額が一定以上になると、年金額が調整されるため、年金事務所に「算定基礎届」を通して、給与（＝標準報酬月額）を申告しているのです。

■ 定時決定による標準報酬月額の求め方 ……………………………

〈例1〉3か月ともに支払基礎日数が17日以上あるとき

月	支払基礎日数	支給額
4月	31日	305,000円
5月	30日	320,000円
6月	31日	314,000円

→ 3か月間の合計　　　　939,000円

平均額　939,000円÷3 ＝313,000円
標準報酬月額　　　　320,000円

〈例2〉3か月のうち支払基礎日数が17日未満の月があるとき

月	支払基礎日数	支給額
4月	31日	312,000円
5月	16日	171,000円
6月	31日	294,000円

→ 2か月間の合計　　　　606,000円

平均額　606,000円÷2 ＝303,000円
標準報酬月額　　　　300,000円

※支払基礎日数は暦日数ではなく、給与支払いの対象となった日数を記載する。たとえば、「20日締め25日支払い」の場合、4月25日に支払われる給与についての基礎日数は3月21〜4月20日までの31日間となるため、4月の支払基礎日数は31日となる。5月25日に支払われる給与については、4月21日〜5月20日までの30日間となるため、5月の支払基礎日数は30日となる。

3 報酬

● 退職金・慶弔金などは報酬に含まない

　報酬（給料）は法律によって、賃金、報酬、給料、手当などいろいろな呼び方をされます。そして、法律によって給料の範囲が異なる場合もあります。

　たとえば、労働基準法では、労働契約や就業規則などによって支給条件が明確にされている退職金や結婚祝金・慶弔金などは、給料に含めます。

　これに対して、社会保険（健康保険や厚生年金保険）では、次ページ図のようになっています。

● 賞与を支払ったら年金事務所に届け出る

　一般的に賞与は、夏季（6月や8月が多い）と冬季（12月が多い）の年2回支払われています。年4回以上賞与が支給される場合は、給与とみなし、標準報酬月額の算定の対象とします。

　会社などの事業所で労働者に賞与を支払ったときは、その金額を年金事務所に届け出る必要があります。年金事務所は、この届出をもとにして、賞与にかかる保険料と毎月の給与にかかる保険料を合算した金額を算出し、事業主に通知します。

　事業主が年金事務所に提出する届出を「健康保険厚生年金保険被保険者賞与支払届」といいます。この届出は賞与を支払った日から5日以内に提出しなければなりません。

● 賞与の保険料は標準賞与額を基準とする

　賞与の保険料は毎月の保険料とは異なり、標準報酬のような金額ご

とに区分けして算出するしくみにはなっていません。事業主が支払う
賞与についての健康保険料、厚生年金保険料は、賞与支払届から算出
する標準賞与額（実際に支給された賞与額から1,000円未満の部分の
金額を切り捨てた額で賞与が支給されるごとに決定される）に保険料
率を乗じて算出した額になります。標準賞与額には上限が決められて
いて、健康保険については年573万円、厚生年金保険については、1
回150万円が上限となっています。

　賞与にかかる社会保険料を計算するための保険料率は、月々の給料
から差し引く社会保険料を計算するときの保険料率と同様です。保険
料は、事業主と被保険者が折半で負担します。

■ 社会保険で報酬（給与）とされているものの範囲 ……………

報酬の定義	事業に使用される者が労働の対償として受ける賃金、給料、俸給、手当または賞与およびこれに準ずるものをいい、臨時的なものや3か月を超える期間ごとに受けるものを除いたもの	
	報酬となるもの	報酬とならないもの
具体例 金銭での給付	・基本給、家族手当、勤務地手当、通勤手当、時間外手当、宿直・日直手当、住宅手当、精勤・皆勤手当、物価手当、役職手当、職階手当、休業手当、生産手当、食事手当、技術手当など ・年4回以上支給の賞与	・結婚祝金、慶弔金、病気見舞金、慰労金、解雇予告手当、退職金 ・事業主以外から受ける年金、傷病手当金、休業補償、出産手当金、内職収入、家賃・地代収入、預金利子、株主配当金など ・大入り袋、社内行事の賞金、出張旅費、功労金など ・年3回までの範囲で支給される賞与、決算手当、期末手当
現物での給付	・食事の手当（都道府県別の現物給与の標準価格による） ・住宅の供与（都道府県別の現物給与の標準価格による） ・通勤定期券、回数券	・制服・作業着 ・見舞金、記念的賞品など ・生産施設の一部である住居など

報酬月額算定の特例

保険者が報酬月額を算定することもある

定時決定または資格取得時決定によって報酬月額を算定することが困難であるときは、保険者（政府または健康保険組合）が報酬月額を決定する（保険者算定）ことになっています。定時決定、資格取得時決定、随時改定によって算定した額が著しく不当な場合にも保険者算定によります。

「算定することが困難であるとき」とは、定時決定において、4〜6月の3か月のいずれの月の報酬支払基礎日数も17日未満であった場合です。また、「額が著しく不当な場合」として、定時決定の場合であれば、次ページ図のように5つのケースがあります。

特殊な場合の標準報酬はどうやって決めるのか

産前産後休業や育児休業の終了後、家庭を優先し、勤務日数や勤務時間を短縮したり、時間外労働を制限する従業員もいるようです。こういった場合、復職前よりも給与が減ってしまいます。しかし、報酬支払基礎日数が17日以上必要となる定時決定では改定が行われず、高いままの保険料を負担し続けることになります。

そういった事情を考慮して、従業員が産前産後休業や育児休業により復職した場合の保険料は、定時決定の条件に該当しなくても、保険料を改定することが可能です。具体的には、休業終了日の翌日が属する月以後3か月間に受けた報酬の平均額に基づいて、4か月目の標準報酬月額から改定が行われます。

● 任意継続被保険者の保険料はどうするのか

　会社などの事業所を退職すると健康保険の被保険者の資格を失います。しかし、資格喪失の前日まで被保険者期間が継続して2か月以上ある者であれば、退職後も引き続き2年間健康保険の被保険者でいることができます。これを任意継続被保険者といいます。在職中の被保険者の場合、保険料は被保険者と会社が折半して負担しますが、任意継続被保険者の場合の保険料は全額自己負担することになります。このため、保険料は在職中の倍額になります。任意継続被保険者の保険料は退職時の標準報酬月額と、その者の属する保険者（全国健康保険協会または健康保険組合）の標準報酬月額の平均額とのいずれか低いほうの額に保険料率を掛けた額となります。

　また、厚生年金保険の高齢任意加入制度を利用している70歳以上の高齢任意加入被保険者（適用事業所の場合）については、事業主がこれまで通りの保険料を半額負担することに同意した場合には保険料の半額を負担すればよいのですが、事業主が同意しない場合には高齢任意加入制度を利用する高齢者が保険料を全額自己負担しなければなりません。

■ 著しく不当な場合にあたるケース ……………………………………

①	4～6月のいずれかの月に3月以前の給料をさかのぼってもらった場合のように通常受けるべき給料（報酬）以外の報酬を受けた場合
②	4～6月のいずれかの月に通常受ける報酬の額と比較して低額の休職給を受けた場合
③	4～6月のいずれかの月にストライキによる賃金カットがあった場合
④	4～6月給与から算出した標準報酬月額と前年7月以降1年間の給与から算出した標準報酬月額とで2等級以上差があり、それが例年続くと見込まれる場合
⑤	月の途中で入社した場合など、4～6月のいずれかに1か月分の報酬を受けることができなかった月がある場合

5 毎月の給与計算事務とスケジュール

● 毎月の給与計算事務とは

　毎月の給与計算事務とは、「給与明細書の作成」「給与の支給」「社会保険料や源泉所得税などの納付」という一連の業務をいいます。給与計算事務処理の注意点は以下のとおりです。

① 従業員の人事情報の確認

　あらかじめ、従業員の採用、退職、結婚、出産、転居、死亡、などの人事情報を確認し、データに漏れのないようにします。

② 各従業員の１か月の勤務時間数の算出

　給与の締切日に出勤簿またはタイムカードを回収し、各従業員の１か月の勤務時間数を算出します。

③ 給与の総支給額の計算

　各従業員について、基本給などの固定的な給与、残業手当など変動する給与を計算して総支給額を決定します。

④ 控除額の計算

　各従業員の社会保険料、源泉所得税、住民税などを計算します。

⑤ 差引き支給額の決定

　③の給与総額から④の控除額を差し引いて、各従業員の差引き支給額を決定します。

⑥ 給与明細書の作成

　以上の作業から、給与明細の主要項目である支給項目、控除項目、勤怠項目の３つが決定するため、給与明細書を作成します。

⑦ 差引支給額の支給

　所定の給与支給日に、各従業員の差引支給額を支給します。口座振込の場合でも、給与明細書は各自に手渡しましょう。

⑧　賃金台帳への記載

　各従業員の給与の支給総額と控除額は賃金台帳に月ごとに記録しておく必要があります。

⑨　社会保険料・雇用保険料の徴収・納付

　社会保険料は、給与から控除した従業員負担分の保険料に事業主負担分の保険料を合わせて毎月末までに前月分を納付します。納入告知書が郵送されてきますので、それに記載された金額をその月の末日までに納付することになります。

　雇用保険料については、年度更新により精算する手続きを毎年繰り返すため、毎月の給与計算では従業員の雇用保険料負担分を給与から控除することになります。

⑩　税金の納付

　源泉徴収した当月分の所得税を原則として翌月10日までに納付します。納付方法は、税務署から送られてくる源泉所得税の納付書に必要事項を記入し、金融機関で納めます。住民税についても同様です。各市町村から送付される納付書によって、当月分を原則として翌月10日までに金融機関で納付します。

■ 毎月の事務のまとめ …………………………………………

1	人事情報の確認	採用、退職、結婚、出産、転居、死亡などを確認
2	勤務時間数の算出	締切日に出勤簿またはタイムカードで勤務時間数を算出
3	給与の計算	基本給(固定)＋諸手当(変動)で総支給額を決定
4	控除額の計算	社会保険料、源泉所得税、住民税を計算
5	差引き支給額の決定	各従業員の支給額(手取り)を決定
6	給与明細書の作成	支給項目、控除項目、勤怠項目を記入
7	差引支給額の支給	口座振込の場合も給与明細書は手渡し
8	賃金台帳への記載	支給総額と控除額は毎月記録
9	社会保険料・雇用保険料	事業主負担分とあわせて期日までに納付
10	税金の納付	翌月 10 日までに納付

給与計算の年間事務の流れ

● 給与計算事務の年間スケジュール

　給与計算に関係する事務処理は毎月行うものばかりではありません。ボーナス（賞与）のように年2～3回の事務（計算）処理を行うものや年末調整のように年1回だけ事務処理を行うものもあります。そこで、暦に従って給与計算に関係する年間の事務を覚えておくことは毎月の事務処理と同様に大切なことです。なお、一般的に会社などの事業所が新たに従業員（新入社員）を雇うのは、年度初めである4月です。そのため、給与計算の事務処理の年間スケジュールを覚える上では、4月1日～翌年3月31日までの1年間を一保険年度として、事務処理を見ていくようにします。

● 年度始め（4～6月）の事務

　従業員を新たに雇ったときは、その従業員の給与から控除する社会保険（健康保険と厚生年金保険）の保険料の額を決めるための事務手続きが必要になります。一度決まった社会保険の保険料は、原則として次の定時決定のときまで使用します。入社時に行う資格取得時決定は、入社時に1回だけ行う事務処理ということになります。事業主が従業員から預かった社会保険の保険料は国（政府）などに納めることになります。

　一方、雇用保険の保険料は、従業員の給与（賞与も含む）の額によって、控除する額が毎月変わります。そこで、雇用保険の保険料は社会保険の保険料と異なり、給与支給のつど計算して控除します。

　さらに、従業員の毎月の給与から控除するものに所得税（源泉所得税）と住民税があります。所得税は給与の額によって控除する額が異

なります。これに対して、住民税は従業員の前年の所得に基づいて市区町村で計算し、毎月（毎年6月～翌年5月の分）の控除額が決定されます。住民税は毎月定額（1回目だけは端数処理の関係で多少多くなる場合があります）を控除します。事業主の側で預かった源泉所得税と住民税は、毎月（所得税は事業所によっては年2回の納付）、国または地方公共団体に納付することになります。

● 7～9月の給与計算関連事務

従業員の給与から労働保険・社会保険の保険料と税金を徴収する事務は給与計算のつど毎月行うことになります。また、従業員から預かった社会保険料や税金を各機関に納付する事務も原則として毎月行います。

社会保険の保険料は、4～6月の給与について、7月1日～10日までに、年金事務所に届出をし、年金事務所ではこの届出をもとに従業員の給与から控除する社会保険料の額を決定します（定時決定）。新たに決定された社会保険料は、原則としてその年の9月分（10月納付分）から翌年の8月分（9月納付分）までの1年間使用することになります。

事業主が従業員から預かった雇用保険料については、事業主負担分の雇用保険料と労災保険料（全額事業主負担）をまとめて毎年一定の期限までに国に納めます（1年分の保険料を前払いで支払います）。

■ 給与・社会保険・税金関係のおもな年間事務 …………………

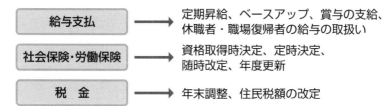

給与支払	→	定期昇給、ベースアップ、賞与の支給、休職者・職場復帰者の給与の取扱い
社会保険・労働保険	→	資格取得時決定、定時決定、随時改定、年度更新
税 金	→	年末調整、住民税額の改定

この手続きのことを年度更新といいます。労働保険の保険料は、通常、年3回に分割して納めます（延納といいます）が、その第1回の納付期限は毎年7月10日になります。民間の事業所では一般的慣行として毎年7月（または6月）と12月に賞与が支給されていることが多いようです。そのため、7〜9月の給与計算事務として、賞与の計算と賞与支払届の提出など、支給事務を行うことになります。賞与における保険料と税金の控除については、毎月の給与計算処理と少し異なりますので注意が必要です。また、賞与支払届は、社会保険（健康保険と厚生年金保険）料を決定するために、賞与の支給額などを記載し、支給から5日以内に年金事務所に提出する必要があります。

● 10〜12月の給与計算関連事務

10月は4〜6月に支払った報酬を基に、新たに決定された社会保険料の額を控除し始める月です。

10月からは9月まで従業員の給与から控除していた額と異なる額の社会保険料（健康保険と厚生年金保険の保険料）を控除することになりますので、パソコンなどで給与計算事務の処理を行っている事業所については、システムの更新が必要になります。手計算の場合も控除する社会保険料の額が変わることを忘れないようにしましょう。また、10〜12月については、4〜9月の各月と同じように毎月の給与計算事務と12月の賞与の計算事務があるため、それぞれの関係の役所に社会保険料や税金を納付する事務もあります。

10〜12月の時期でもっとも複雑な事務は年末調整です。年末調整とは、概算で納付している所得税額について1年間のすべての給与と賞与が支給された後に個人的事情にあわせて精算する手続きのことです。会社としては従業員から受け取った「扶養控除等（異動）申告書」「給与所得者の保険料控除申告書」などの書類に基づいて、計算処理を行います。

● 1～3月の給与計算関連事務

　毎月行う給与計算事務などについては、他の月と同様に行います。年末調整で従業員の1年間の税金が確定しましたので、従業員一人ひとりの源泉徴収票を作成して本人に渡すことになります。年末調整で税金が戻ってくる場合は、その金額と一緒に従業員に渡すとよいでしょう。その他、給与支払報告書の市区町村への送付、法定調書の作成といった事務も1月中に行うことになります。

■ 給与計算事務の年間スケジュール ･････････････････････････

月	毎月の事務	重 要 事 務
4月	給与計算	新入社員に関する手続き、 健康・介護保険料率の改定
5月	給与計算	
6月	給与計算	住民税の額の改定
7月	給与計算	賞与の計算、算定基礎届の提出、 年度更新と労働保険料納付（第1期）
8月	給与計算	
9月	給与計算	
10月	給与計算	定時決定に基づく社会保険料の改定、 労働保険料を延納する場合の納期（第2期）
11月	給与計算	
12月	給与計算	賞与の計算、年末調整
1月	給与計算	労働保険料を延納する場合の納期（第3期）、 給与支払報告書事務、法定調書作成
2月	給与計算	
3月	給与計算	賞与の計算（※）

（※）決算期などに賞与が支給される事業所もある

社会保険の各種手続き①

● 採用したら5日以内に手続きをする必要がある

会社などの事業所で新たに労働者を採用した場合、採用日から5日以内に「被保険者資格取得届」を年金事務所に提出しなければなりません。たとえば、4月1日の採用（入社）であれば、資格取得届は4月5日までに提出する必要があります（当日起算）。たとえ試用期間中であっても、採用（試用）開始時点で資格取得の手続きを行わなければなりません。その労働者に被扶養者がいる場合は、資格取得届と同時に「被扶養者（異動）届」も提出します。

● 労働者が退職したときの手続きも5日以内

労働者が退職した場合、退職日の翌日から数えて5日以内に「被保険者資格喪失届」を年金事務所に提出します。添付書類としては、健康保険被保険者証が必要になります。たとえば、3月31日付けで退職したのであれば、4月5日までに喪失届を提出する必要があります。なお、社会保険の資格を喪失する日は退職日の翌日になります。

● 再雇用で給料が下がった場合の特例がある

定年後にその者を再び雇用する制度（再雇用制度）を実施している会社もあります。再雇用制度を実施した場合には、給料が定年前の給料より低い水準に変更されることもあります。

ところが、随時改定（150ページ）を行ったとしても、随時改定は、継続した3か月の報酬を基にして4か月目から標準報酬を改定するので、改定された標準報酬が実際の給与に反映されるのは、賃金を改定した月から5か月目ということになります。被保険者にしてみれば、

再雇用後、給料が下がったにもかかわらず、変更されるまでの間、定年前の水準のまま保険料を徴収されるのでは経済的にも負担が大きくなってしまいます。

　そこで、定年退職後の再雇用時の特例として、被保険者の資格の喪失と取得を同時（同日）に行うことが認められています（この手続を同日得喪といいます）。同日得喪ができる者は、60歳以上の人が対象です。この特例は、正社員に限らず、パートタイマーなどにも適用されます。

◯ 資格喪失届と資格取得届を同時に提出する

　同日得喪とする場合、定年退職日の翌日を資格喪失日とする資格喪失届と、それと同じ日を資格取得日とする資格取得届を同時に保険者に提出します。退職日がわかる書類や再雇用後の雇用契約書などを添付します。これにより、再雇用後の月分の保険料は、再雇用後の給料額をもとにして決定された標準報酬月額によって算出されます。

■ 社員を採用した場合の各種届出

事　由	書類名	届出期限	提出先
社員を採用したとき（雇用保険）	雇用保険被保険者資格取得届	採用した日の翌月10日まで	所轄公共職業安定所
社員を採用したとき（社会保険）	健康保険厚生年金保険被保険者資格取得届	採用した日から5日以内	所轄年金事務所
採用した社員に被扶養者がいるとき（社会保険）	健康保険被扶養者（異動）届	資格取得届と同時提出	

8 社会保険の各種手続き②

● 産前産後休業、育児休業期間中は保険料が免除される

　産前産後休業や育児休業期間中は、会社からの給与が支給されないのが一般的です。その分の給与補てんとして、健康保険や雇用保険から一定の条件であれば手当金や給付金が支給されます。ただ、休業前の給与全額が補てんされるわけではなく、労働者の経済的負担が大きいことに変わりはありません。そこで、保険者に届出を行うことで社会保険料を免除する制度があります。産前産後休業、育児休業のそれぞれ休業開始月から終了予定日の翌日の月の前月までは、給料の支給の有無に関係なく、本人負担分と事業主負担分の社会保険料が免除されます。

　保険料の免除を受けるためには、年金事務所にそれぞれの休業に対して「産前産後休業取得者申出書」「育児休業等取得者申出書」を事業所経由で提出します。免除されている期間は、将来、年金額を計算する際、保険料を納めた期間として扱われるので、厚生年金等の給付で不利益になることはありません。

● 労働者や家族の異動があったら必要な届出をする

　被保険者や被扶養者に異動があったときは、異動内容によってそれぞれ届出をしなければなりません（次ページ図参照）。

● 出産育児一時金として42万円が支給される

　被保険者あるいはその被扶養者である家族が妊娠4か月以後（妊娠85日以後）に出産したときに、一児につき42万円が支給されます（産科医療補償制度に加入していない医療機関での出産の場合には40万8000円）。

被扶養者が出産する場合には、被保険者に対して家族出産育児一時金が支給されます。

なお、退職などの理由で健康保険の被保険者でなくなったとしても、被保険者資格を喪失する日の前日まで継続して1年以上被保険者期間のある人が資格喪失後6か月以内に出産したという場合であれば、出産育児一時金が支給されます。

出産育児一時金を請求する場合、出産から2年以内に事業所管轄の全国健康保険協会の都道府県支部または会社の健康保険組合に「健康保険出産育児一時金支給申請書」または、「健康保険出産育児一時金内払金支払依頼書・差額申請書」を提出します。

■ 労働者や家族に異動があったときに提出する届出 ……………

異動内容	届出書類	提出期限
結婚して氏名が変わったとき（※）	健康保険厚生年金保険被保険者氏名変更届	すみやかに
結婚して配偶者を扶養するとき	健康保険被扶養者（異動）届	扶養することになった日から5日以内
被保険者の住所が変わったとき（※）	健康保険厚生年金保険被保険者住所変更届	すみやかに
子が生まれたとき	健康保険被扶養者（異動）届	出生してから5日以内
	健康保険出産育児一時金支給申請書	出産から2年以内
	健康保険出産手当金支給申請書	すみやかに（時効は2年）
被扶養者が就職したとき	健康保険被扶養者（異動）届	扶養しなくなった日から5日以内
家族の退職などで被扶養者が増えたとき	健康保険被扶養者（異動）届	扶養することになった日から5日以内

※マイナンバーが登録されている場合は届出不要。

会社や従業員の変更に関する社会保険関係の事務

◉ 事業所の名称や住所を変更する場合の届出

　事業所の変更（事業所の名称を変更する場合や事業所を移転する場合など）や、事業主の変更（事業主の住所の変更や事業主の変更など）があった場合、その変更を、年金事務所、公共職業安定所などに届け出なければなりません。

・社会保険関係の手続き

　前述した事業所の変更や事業主の変更があった場合、その変更を、年金事務所や公共職業安定所などに届け出なければなりません。

・社会保険関係の手続き

　名称を変更した事業主、同一の都道府県内に移転する事業主は、管轄する年金事務所は変わりませんので、「健康保険・厚生年金保険適用事業所名称/所在地変更（訂正）届（管轄内）」を提出します。一方、都道府県をまたいで移転する事業主は、「健康保険・厚生年金保険適用事業所名称/所在地変更（訂正）届（管轄外）」を提出します。いずれの場合も、従来の管轄年金事務所に提出しますが、変更のあった日から5日以内に届け出ます。なお、事業主の氏名の変更など、事業主に変更があった場合には変更があった日から5日以内に、管轄の年金事務所または健康保険組合に「健康保険・厚生年金保険事業所関係変更（訂正）届」を届け出ます。

・労働保険関係の手続き

　名称、所在地に変更があった日の翌日から10日以内に管轄の労働基準監督署に「労働保険名称・所在地等変更届」を届け出ます。また、「雇用保険事業主事業所各種変更届」を公共職業安定所に届け出ます。他の都道府県に移転した場合にも同様です。

● 従業員の氏名や住所に変更があった場合の届出

・社会保険関係の届出

　被保険者やその被扶養配偶者に住所変更があった場合に、事業主が、管轄の年金事務所に、すみやかに「健康保険・厚生年金保険被保険者住所変更届」を提出します。また、被保険者の被扶養配偶者に住所変更があった場合には、「国民年金第3号被保険者住所変更届」を提出することになります。労働者が結婚した場合など、被保険者の氏名に変更があった場合には、事業主は、「健康保険・厚生年金保険被保険者氏名変更（訂正）届」を年金事務所にすみやかに提出します。

・労働保険関係の届出

　被保険者の氏名が変わった場合は、後述する「雇用保険被保険者転勤届」などの届出や、育児休業給付金などの給付金の申請の際に併せて手続きをすることになります。転勤などで従業員が他の支店に勤務することになった場合、「雇用保険被保険者転勤届」を転勤した日の翌日から10日以内に転勤後の事業所管轄の公共職業安定所に届け出ます。

■ 会社についてのおもな社会保険・労働保険の変更手続き ……

	変更内容	提出書類	提出先と期限
社会保険	事業所の名称、所在地変更	健康保険・厚生年金保険適用事業所名称/所在地変更（訂正）届（管轄内・管轄外）	変更前の管轄年金事務所に、変更日から5日以内
	事業主の変更、事業所の電話番号の変更等	健康保険・厚生年金保険事業所関係変更（訂正）届	管轄年金事務所に、変更日から5日以内
労働保険	事業所の名称、所在地変更	労働保険名称・所在地等変更届	所轄労働基準監督署に、変更日の翌日から10日以内
		雇用保険事業主事業所各種変更届	所轄公共職業安定所に、変更日の翌日から10日以内
	事業主の変更	届出の必要はない（事業主の変更のみの場合）	

賞与の源泉徴収と社会保険料

　賞与についても源泉徴収が行われますが、月々の給与とは源泉徴収の計算方法が少し違ってくるため、注意が必要です。ただし、賞与の源泉徴収税額の納付期限は給与と同じです。つまり、賞与を支払った月の、翌月の10日までに納付しなければなりません。賞与の源泉徴収税額は、課税対象額（賞与の額－社会保険料）に算出率を掛けて算出します。この算出率を求めるには、まず該当する社員の前月分給与から社会保険料を引いた額を求めます。次にこの額と扶養控除等（異動）申告書に基づいた扶養親族などの数を「賞与に対する源泉徴収税額の算出率の表」に照らし合わせて算出率を出すという方法をとります。

　次に、賞与についての社会保険料の計算方法ですが、月給とは別に、賞与からも社会保険料を徴収します。この場合は、標準賞与額（実際に支給された賞与額から1,000円未満を切り捨てた額）に各々の保険料率を掛けたものが社会保険料となります。標準賞与額は賞与が支給されるごとに決定されます。つまり、賞与の保険料は毎月の保険料と違って、賞与の支給額により保険料が変動することになります。保険料は、事業主と被保険者が折半で負担し、保険料率については、給与と同率です。健康保険料率の被保険者負担率は、全国健康保険協会管掌健康保険の東京都の例では、標準賞与額に対して、1000分の49.05（介護保険第2号被保険者に該当する場合は1000分の57.25）を乗じて算定します（令和4年3月分から）。また、厚生年金保険料率の被保険者負担率は、標準賞与額に対して1000分の91.5（一般の被保険者の場合）です。

　なお、賞与支給月（月末以外）に退職をするような場合には、資格は退職月の前月までのため、賞与から社会保険料は控除されません。

第6章

健康保険のしくみ

健康保険とは

● 健康保険の給付内容の概要

　健康保険は、被保険者と被扶養者がケガ・病気をした場合や死亡した場合、さらには出産した場合に必要な保険給付を行うことを目的としています。

　健康保険を管理・監督するのは、全国健康保険協会または健康保険組合です。これを保険者といいます。これに対し、健康保険に加入する労働者を被保険者といいます。さらに、被保険者に扶養されている一定の親族などで、保険者に届け出た者を被扶養者といいます。健康保険の給付内容は、次ページの図のとおりです。業務上の災害や通勤災害については、労災保険が適用されますので、健康保険が適用されるのは、業務外の事故（災害）で負傷した場合に限られます。また、その負傷により会社を休んだ場合は、傷病手当金が支給され、休職による減額された給与の補てんが行われます。

● 健康保険は協会・健保組合が管理・監督する

　保険者である全国健康保険協会と健康保険組合のそれぞれの事務処理の窓口について確認しておきましょう。

① 全国健康保険協会の場合

　全国健康保険協会が保険者となっている場合の健康保険を全国健康保険協会管掌健康保険（協会けんぽ）といいます。保険者である協会は、被保険者の保険料を適用事業所ごとに徴収したり、被保険者や被扶養者に対して必要な社会保険給付を行ったりします。

　窓口は全国健康保険協会の都道府県支部になります。しかし、現在では各都道府県の年金事務所の窓口でも申請書類等を預かってもらえます。

② 健康保険組合の場合

　健康保険組合が管掌する場合の健康保険を組合管掌健康保険といいます。組合管掌健康保険の場合、実務上の事務手続きの窓口は健康保険組合の事務所になります。組合管掌健康保険に加入している事業所は年金事務所に届出などを提出することができません。健康保険組合の保険給付には、健康保険法で必ず支給しなければならないと定められている法定給付と、法定給付に加えて健康保険組合が独自に給付する付加給付があります。

■ 健康保険の給付 ……………………………………………………

種　類	内　容
療養の給付	病院や診療所などで受診する、診察・手術・入院などの現物給付
療養費	療養の給付が困難な場合などに支給される現金給付
家族療養費	家族などの被扶養者が病気やケガをした場合に被保険者に支給される診察や治療代などの給付
入院時食事療養費	入院時に提供される食事に要した費用の給付
入院時生活療養費	入院する65歳以上の者の生活療養に要した費用の給付
保険外併用療養費	先進医療や特別の療養を受けた場合に支給される給付
（家族）訪問看護療養費	在宅で継続して療養を受ける状態にある者に対する給付
高額療養費	自己負担額が一定の基準額を超えた場合の給付
高額介護合算療養費	健康保険の一部負担額と介護保険の利用者負担額の合計額が一定の基準額を超えた場合の給付
（家族）移送費	病気やケガで移動が困難な患者を移動させた場合の費用給付
傷病手当金	業務外の病気やケガで働くことができなくなった場合の生活費
（家族）埋葬料	被保険者や被扶養者が業務外の事由で死亡した場合に支払われる給付
（家族）出産育児一時金	被保険者およびその被扶養者が出産をしたときに支給される一時金

被扶養者の範囲

◉ 扶養者も健康保険の給付を受けられる

　健康保険の被保険者が配偶者や子供などの家族を養っている場合、その家族のことを「養われている者」ということで、被扶養者と呼びます。健康保険では被保険者の被扶養者についても被保険者と同じように保険の給付を受けることができます。

　健康保険において被扶養者になる人は、おもに被保険者に生計を維持されている者です。生計を維持されているかどうかの判断のおおまかな基準は、被扶養者の年収が130万円未満（60歳以上の者と障害者については180万円未満）で、被保険者の年収の半分未満であるかどうかです。被保険者と被扶養者が一緒に暮らしていない場合は、被扶養者の年収が被保険者から仕送りしてもらっている額より少ないことも条件になります。たとえば、被保険者の子供が大学に通うために学校の近くにアパートを借りて住む場合などが考えられます。

　年収130万円が基準ですから、たとえば、パートタイマーとして働いている主婦（または主夫）に年収が150万円ほどある場合、勤め先で社会保険に加入していないとしても、夫（または妻）の被扶養者になることができません。

　被保険者の被扶養者となることができる親族については、あらかじめ範囲が決まっており、それ以外の者はたとえ現実に扶養されている場合であっても健康保険の被扶養者となることができません。

　なお、被扶養者には、①被保険者に生計を維持されていることだけが条件になる者と、②生計の維持と同居（同一世帯にあること）していることの2つが条件となる者の2通りがあります。

■ 健康保険の被扶養者の範囲 ·····························

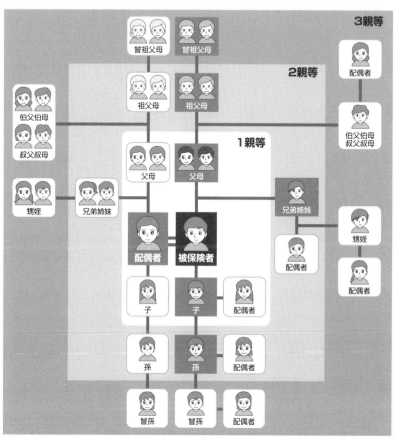

① 上図のうち、灰色部分の被保険者の直系尊族（父母や祖父母）、配偶者、子、孫、兄弟姉妹については、被保険者との間に「生計維持関係」があれば被扶養者として認められる
② 上図のうち、白色部分の被保険者の3親等以内の親族で①に挙げた者以外の者については、被保険者との間に「生計維持関係」と「同一世帯」があれば被扶養者として認められる
（注）配偶者には、内縁関係（事実婚関係）にある者も含む

Q 社会保険や税法上、扶養家族の認定は、どの時点を基準に行われるのでしょうか。

A まず健康保険については、向こう1年間の収入が130万円以上になる見込みであれば、まだ収入はなくても扶養家族にはなれませんし、扶養家族にはなれないほどの月収があったとしても、向こう1年間の収入が130万円未満になる見込みであれば年の途中で扶養家族になることができます。

次に所得税ですが、毎月の源泉所得税額は「給与所得者の扶養控除等申告書」に記載された内容をもとに算定されます。最終的には年末調整や確定申告によって、社員の1年間の所得税額を算出します。その際、扶養控除はその年の12月31日現在において、要件に該当する場合に適用されることになります。つまり、健康保険の扶養家族は申請時点から向こう1年間の収入によって判断するのに対して、税法上の扶養家族は、その年の1月から12月の年収によって判断するわけです。

Q 被扶養者の年収が一時的に130万円を超えたのですが、このまま扶養家族として認められるのでしょうか。

A 健康保険では、将来にわたって年間の収入が130万円以上になると見込まれる時点から扶養家族でなくなります。この場合、収入総額が130万円以上になる見込みとなった時点で喪失の手続きをしなければなりません。

「将来にわたって」ということですから、一時的に年間の収入が130万円以上になった場合は、引き続き被扶養者として扱われます。つまり、相談のケースのように、年間の収入がたまたま130万円以上になってしまったが、翌年以降は、将来にわたって130万円未満であると見込まれる場合であれば、引き続き被扶養者に該当することになるわけ

です。

　ただし、この被扶養者の認定についての判断は、個別の事例に対して年金事務所が行うものです。一般的な認定基準と考えてください。

 内縁関係の妻、その連れ子や母親を扶養家族にすることはできるのでしょうか。

　内縁関係ということであれば、健康保険の被扶養者となることは可能です。

　健康保険では、戸籍上の婚姻関係がなくても収入要件等を満たしていれば、被扶養者として認められます。お子さんについても、本人である被保険者と同一の世帯であり、主として生計を維持されていれば被扶養者となります。また、妻は国民年金についても、第3号被保険者となります。この第3号被保険者は国民年金保険料の負担がありません。

　手続に際しては、被保険者本人と内縁の妻の戸籍謄本または戸籍抄本、そして、お子様を含めた全員の住民票が必要となります。場合によっては、この他にも書類が必要となることがありますので、管轄の年金事務所に聞いてみてください。

　内縁の妻の母親についてですが、健康保険の被扶養者になれる家族の範囲は、①被保険者の収入により生計を維持していれば、同居でも別居でもよい者と、②被保険者に生計を維持されていて、かつ、同一世帯に属する者の2つに分けられます。内縁の妻の父母は、このうちの②に属し、被保険者による生計維持関係だけでなく、「同一世帯に属する」ことも条件になります。相談内容では明らかではありませんが、奥さんのお母様を扶養とするには同居することが必要です。

Q 共稼ぎの場合の子どもは夫婦どちらの扶養家族となるのでしょうか。

A 夫婦共稼ぎの場合、子どもは妻と夫のどちらか一方の被扶養者になります。その判断には主に次のような基準があります。

① 被扶養者となるべき者の人数に関係なく、原則として年間収入の多いほうが扶養者となる。

② 夫婦の年収の差額が年収の多いほうの1割以内である場合、主として生計を維持するほうの被扶養者とする。

③ 夫婦の両方または片方が共済組合の組合員で、被扶養者にかかる扶養手当などの支給が認定されている場合は、これらの手当を受けているほうの被扶養者として差し支えない。

などとされています。

なお、夫婦の年間年収については、過去の年収、現時点での年収、将来の収入などから、今後1年間の収入を見込んだものとなります。

Q 失業保険や遺族年金を受給する者を被扶養者とすることは可能でしょうか。

A 健康保険の被扶養者になるためには、60歳未満の者では年収130万円未満、60歳以上の者および一定の障害の状態にある者であれば年収180万円未満であって、かつ、同居している場合は被保険者の年間収入の2分の1未満であることが必要です。

雇用保険を受給中の場合、年間ベースを日額ベースに換算して判断します。つまり、日額を3,611円（60歳以上は5,000円）として、これを超える基本手当日額の場合は、被扶養者の認定を受けられないことになります。もし、被扶養者の認定基準に該当しない場合は、早急に取消しの手続をしましょう。取消した期間は、健康保険の任意継続を

するか国民健康保険に加入しなければなりません。また、被扶養者ではないため、国民年金の第3号被保険者にも該当せず、第1号被保険者になる手続きが必要です。

　遺族年金の受給権者についても同様の基準で判断します。たとえば、社員と同居している60歳以上の母親が年額150万円の遺族年金を受給している場合、社員の年収が母親の年金受給額の2倍を超える、つまり300万円を超えていれば、母親はその社員の被扶養者として認められることになります。

 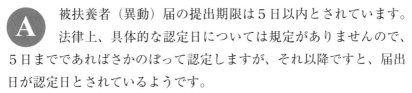

Q 被扶養者の届出日と実際の入籍日が違っていた場合、何らかの訂正届が必要だと思いますが、どのような手続をしなければならないのでしょうか。

A 被扶養者（異動）届の提出期限は5日以内とされています。法律上、具体的な認定日については規定がありませんので、5日までであればさかのぼって認定しますが、それ以降ですと、届出日が認定日とされているようです。

　被扶養者となる健康保険法上の配偶者とは、事実婚、つまり内縁関係にある者も含まれています。そのため、婚姻の届出がなくても社会通念上、夫婦としての共同生活と認められる事実関係があれば認められます。挙式がすでに行われており、単に入籍の届出が遅れただけのような場合、訂正届の必要はないでしょう。ただし、挙式も入籍も届出日から1週間以上遅れ、その間、共同生活の事実がないということであれば話は別です。もっとも、この場合も届出日と入籍日が同一月であるときには、現実的にみてさほど影響がないといえます。認定を行う年金事務所や健康保険組合の判断によるといえるでしょう。

Q 結婚する相手方に中学生の子どもがいるのですが、同居及び養子縁組をしていない再婚相手の連れ子も健康保険の扶養として扱ってよいのでしょうか。

A 同居していない子どもが被扶養者として認められるのは、被保険者の法律上の子（実子または養子）である場合です。質問のように、再婚相手の連れ子と養子縁組をしていない場合、法律的には、お子さんは被保険者本人の子どもには該当しないことになります。この場合、被扶養者として認定されるためには、同一世帯に属していることが要件となるため、今の状態では被扶養者とすることはできません。一方、養子縁組されれば、法律上の子となるため、実子と同様の扱いになります。つまり、別居していても被扶養者と認められます。この場合の手続きは、「被扶養者異動届」を提出する必要がありますが、その際、原則として続柄を確認するために「戸籍謄本（抄本）」を一緒に提出しなければなりません。また、お子様が高校生になっている場合であれば、「在学証明書」を添付することも必要です。

Q 従業員の妻が英会話教室を主宰しているのですが、そのような従業員の妻も扶養扱いにしてよいのでしょうか。

A 注意したいのは、この従業員の奥様が英会話教室を主宰されているということです。どのような形でなさっているのか、詳細はわかりかねますが、単に教室の責任者兼講師として雇用されているのであれば単純に年収130万円未満が扶養の認定基準でかまわないでしょう。しかし、個人事業主として運営されているとなると、その事業に要した必要経費の額を控除した金額を年間収入と考えることになります。具体的には、必要経費を差し引いた所得が130万円未満かどうかで判断することになります。

なお、被扶養者認定で認められる必要経費は、税法上の必要経費（事業所得の金額を計算する際の経費）とは異なりますので注意が必要です。控除できる経費の例としては、売上原価（一般所得）、種苗費、肥料費（農業所得）などがあります。

Q **外国人社員の母親を被扶養者とできるのでしょうか。**

A 　健康保険は国内居住要件があり（令和2年4月から）、日本国内に居住する者であれば国籍を問わず適用されます。貴社の外国人社員が被保険者となるのもそのためです。これは、被扶養者についても同じです。健康保険法での一定の要件を満たしていれば、母親も被扶養者となることができます。

　その要件ですが、日本人の場合と同様に健康保険の被保険者本人の収入で生計を維持していることが求められます。外国人家族の場合は、これに加えて、本国での生活の実態を証明する必要があります。もし、日本国内に住民票を有していたとしても、居住実態が日本国内にない場合は、被扶養者認定の要件を満たさないことになります。ただ、日本国内に住民票を有していなくても、海外特例要件（留学など）に該当すれば、認められる場合があります。

　なお、日本国内に住民票を有していても、在留資格の特定活動（医療滞在、観光や保養を目的とする長期滞在）で滞在している外国人は、被扶養認定されないとされています。いずれにしても、年金事務所が個別のケースで判断することになります。

療養の給付

● 療養の給付は現物支給で、自己負担部分がある

　業務外の病気、ケガなどについて、病院や診療所などで診察を受けたり、手術を受けたり、入院するときに受けることができる給付です。また、保険薬局で薬を調剤してもらったときも給付を受けることができます。療養の給付は治療（行為）という現物により支給されます。

　しかし、治療費用のすべてが支給されるわけではなく、被保険者は診療を受けるごとに一部負担金を支払うことになります（次ページ）。一部負担金は、かかった医療費のうち、一定割合を負担します（定率負担）。

　なお、健康保険の療養の給付の範囲は次ページの図のようになっています。

● 保険医療機関とは保険が使える医療機関である

　私たちがふだんケガをしたり、病気になったりすると、保険証（健康保険被保険者証、現在はカード形式になっている）をもって病院などの医療機関に行きます。そして、その病院などの窓口に、持参した保険証を提示して、必要な治療を受け、薬をもらいます。このときかかった病院などの医療機関が保険医療機関です。保険医療機関には3種類あり、どの医療機関にかかるかは本人の自由ですが、すべての医療機関が保険医療機関であるわけではありません。

　また、保険医療機関には次の3つの種類があります。

① **保険医療機関または保険薬局**

　厚生労働大臣の指定を受けた病院、医院、診療所、薬局などがあります。一般的に保険医療機関というと、この①のことを指します。

①の保険医療機関または保険薬局は、全国健康保険協会管掌、組合管掌を問わず、健康保険の被保険者およびその被扶養者が利用することができます。

　なお、①の保険医療機関で保険診療に従事する医師は厚生労働大臣の登録を受けた保険医でなければならないことになっています。保険薬局も保険調剤に従事する薬剤師は厚生労働大臣の登録を受けた薬剤師でなければなりません。

② **特定の保険者が管掌する被保険者のための病院、診療所または薬局で、保険者が指定したもの**

　健康保険組合が管掌する事業主の直営病院や会社内の診療所がこの②にあたります。

③ **健康保険組合が開設する病院、診療所または薬局**

　健康保険組合が設営した医療機関で、その組合が管掌する被保険者とその被扶養者だけを保険診療の対象とします。

■ 療養の給付の範囲

	範　囲	内　容
①	診察	診断を受けるための各種の行為
②	薬剤、治療材料の支給	投薬、注射、消耗品的な治療材料など
③	処置、手術　その他の治療	その他の治療とは、理学的療法、マッサージなど
④	居宅における療養上の管理とその療養に伴う世話その他の看護	寝たきりの状態にある人などに対する訪問診療、訪問看護
⑤	病院または診療所への入院とその療養に伴う世話その他の看護	入院のこと。入院中の看護の支給は入院診療に含まれる

※業務災害・通勤災害による病気やケガの治療、美容整形、一般的な健康診断、正常な妊娠、出産などは療養の給付の対象とはならない

4 療養費と一部負担金

● 療養費はやむを得ない場合の現金給付

　健康保険では、病気やケガなどの保険事故に対して、療養という形で現物給付するのが原則です。しかし、保険者が療養の給付が困難であると認めたときや、被保険者が保険医療機関・保険薬局以外の医療機関・薬局で診療や調剤を受けたことにつきやむを得ないと認められたときは、療養費として現金が給付されます。

● 療養費が支給されるケース

　おもに次のような場合が療養費の給付対象となります。

① 無医村などの場合

　近隣に保険医療機関が整備されていない地域において、緊急のために保険医療機関以外で診療などを受けた場合に支給されます。

② 準医療行為

　骨折、脱臼、打撲、捻挫などで柔道整復師の施術を受けた場合に支給されます。ただ、柔道整復師が行う骨折、脱臼の治療については、応急手当の場合以外は医師の同意が必要です。

③ 治療用装具

　療養上必要な装具（コルセット、関節用装具など）を購入した場合に支給されます。

④ 事業主による資格取得届の未提出など

　事業主が健康保険の資格取得届の提出をしていることになっているにもかかわらず、保険医療機関で被保険者であることが証明できない場合や事業主が資格取得届を怠っている場合に支給されます。

● 一部は自己負担しなければならない

　健康保険の被保険者やその被扶養者がケガや病気をして、病院や診療所などの医療機関等で保険診療として診察、治療などを受けた場合、かかった治療費などの一定の割合を自分で負担する必要があります。

　療養の給付にかかった費用のうちのこの自己負担分を一部負担金といいます。一部負担金の割合は、①義務教育就学前の者：2割、②義務教育就学後70歳未満の者：3割、③70歳〜74歳：2割（現役並の所得がある者は3割）です。ただし、③については、2014年3月31日以前に70歳に達した者は特例措置として1割負担とされています。

● 「現役並の所得」とはどの程度の所得を指すのか

　「現役並みの所得がある者」とは、会社員で協会けんぽや組合健保に加入している場合は標準報酬月額が28万円以上、自営業などで国民健康保険に加入している場合は住民税課税所得145万円以上です。ただし、年収が、70歳以上の被保険者のみの単身世帯は383万円未満、70歳以上の被扶養者がいる70歳以上の被保険者の世帯は520万円未満であれば、申請により非該当（現役並の所得にあたらない）とすることができ、70歳から74歳の一般所得者と同じ2割負担となります。

■ 医療費の自己負担割合 ･･････････････････････････････

義務教育就学前	2割
義務教育就学後〜69歳	3割
70〜74歳	2割（一定以上の所得者は3割）

Q 採用したばかりの社員が、業務外でケガをしたのですが、加入手続前の診療にも健康保険は使えるのでしょうか。

A 健康保険・厚生年金保険の被保険者資格の取得日は、事実上の使用関係の生じた日です。通常は入社日ということになります。ですから、年金事務所（または健康保険組合）に資格取得届を提出していない場合であっても、法律上は被保険者として扱われます。

しかし、治療を行った保険医療機関としては、本人が被保険者証を持っていないということであれば、被保険者であるという確認ができません。通常、こうした場合は、現物給付としての「療養の給付」（病院の窓口で3割だけ本人が負担し、後は治療で給付）をすることが困難な場合として、現金給付の「療養費」を支給することになっています。具体的には、治療費としてかかった費用は本人がいったん、全額を支払い、後で全国健康保険協会の都道府県支部などに療養費の請求をして払い戻しを受けることになります。保険医療機関によっては、療養の給付を認めてくれるところもありますが、遅れると療養費の扱いになりますので、早めに手続をする必要があります。

Q 海外出張に行く社員がいますが、健康保険の適用についての注意点はありますか。

A まず、海外出張先で病気になったり、負傷して現地の医療機関で治療を受けた場合、日本国内の健康保険が適用されます。ただし、国内で医療機関にかかる場合と異なり、健康保険証が現地の医療機関でそのまま使用できるわけではありません。いったん、現地の医療機関で全額支払った後、日本で払い戻し（償還）手続を行うことになります。基本的には、海外出張中であっても健康保険の被保険者資格はそのまま継続するので、事前手続きは必要ありません。

具体的な手続ですが、治療を受けた現地の医療機関から診療内容明細書、領収明細書などをもらい、「海外療養費支給申請書」に添付して全国健康保険協会や健康保険組合に提出します。

　支給される額は、あくまでも日本国内の保険医療機関などにおいて、疾病や負傷などで給付される場合を標準として決定した金額（標準額）から被保険者の一部負担金相当額を控除した額です。支給決定日の為替レートにより日本円で支払われますが、現地で支払った全額が戻るわけではありません。医療費の高い欧米で受診した場合には、かなり差額が生じることもありますので、海外旅行保険に入るのが一般的です。

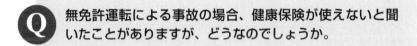

Q 無免許運転による事故の場合、健康保険が使えないと聞いたことがありますが、どうなのでしょうか。

A 　健康保険は業務外の負傷や疾病に対して保険給付を行いますが、ご存じのように、健康保険法116条では「自己の故意の犯罪行為により、又は故意に給付事由を生じさせたときは、当該給付事由に係る保険給付は行わない」としており、保険給付の制限があります。無免許運転は、道路交通法違反であり、故意の犯罪行為に該当します。

　しかし、無免許運転だから即、保険給付の制限が適用されるかといえば、そうではありません。それによって、給付事由である「負傷」が引き起こされたという、犯罪行為と保険事故との間に相当因果関係（ある行為から結果が発生することがもっともだといえる関係）が認められる必要があります。事案ごとに保険給付の制限に該当するか否か、保険者が判断することになります。

保険外併用療養費

● 保険診療との併用がある場合に行われる給付

　健康保険では、保険が適用されない保険外診療があると、保険が適用される診療も含めて医療費の全額が自己負担となるしくみとなっています（混合診療禁止の原則）。

　ただし、保険外診療を受ける場合でも、厚生労働大臣の定める評価療養、選定療養、患者申出療養については、保険診療との併用が認められています。具体的には、通常の治療と共通する部分（診察・検査・投薬・入院料など）の費用は、一般の保険診療と同様に扱われ、その部分については一部負担金を支払うこととなり、残りの額は保険外併用療養費として健康保険から給付が行われます。また、被扶養者の保険外併用療養費にかかる給付は、家族療養費として給付が行われます。

　なお、介護保険法で指定されている指定介護療養サービスを行う療養病床などに入院している患者は、介護保険から別の給付を受け取ることができます。そのため、二重取りにならないように、保険外併用療養費の支給は行われません。

● 評価療養、選定療養、患者申出療養

　評価療養とは、保険適用前の高度な医療技術を用いた医療や新薬など、将来的な保険適用を前提としつつ保険適用の可否について評価中の療養のことです。たとえば、先進医療、薬事法承認後で保険収載前の医薬品、医療機器、再生医療等製品の治験にかかる使用、薬価基準収載医薬品の適応外使用なども評価療養に含まれます。

　一方、選定療養とは、個室の病室や、予約診療、紹介状なしの大病院受診、保険で認められている内容以上の医療行為など、患者本人が

希望して受ける「特別な療養」のことです。200床以上の病院の未紹介患者の初診、200床以上の病院の再診、制限回数を超える医療行為、180日を超える入院、前歯部の材料差額、金属床総義歯、小児う蝕の治療後の継続管理などが選定医療に含まれます。

患者申出療養とは、国内未承認の医薬品の使用や、先進医療の対象にはならないが一定の安全性や有効性が確認された医療などを、迅速に保険外併用療養として行うことができるようにするしくみで、患者からの申出を起点として、原則6週間で実施されます。

● 保険外併用療養費の具体例

たとえば、総医療費が120万円、このうち先進医療についての費用が30万円だった場合、①先進医療についての費用30万円は、全額を患者が負担することになります（下図参照）。

一方、②通常の治療と共通する部分（診察、検査、投薬、入院料）については7割（63万円分）が保険外併用療養費として給付される部分になります。結局、30万円と27万円を合わせた57万円について、患者が自己負担することになります。

■ 保険外併用療養費が支給される範囲 ……………………………

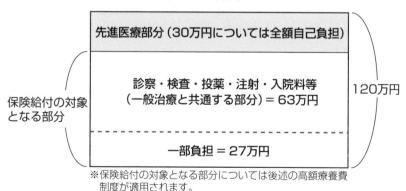

※保険給付の対象となる部分については後述の高額療養費制度が適用されます。

6 高額療養費

● 高額療養費は高度医療の自己負担額を抑える

　病院や診療所で医療サービスを受けた場合、少ない負担でより良い医療を受けられる反面、長期入院や手術を受けた際の自己負担額が高額になることもあります。自己負担額が一定の基準額を超えた場合に被保険者に給付されるのが高額療養費です。

● 高額療養費は所得が低い人ほど手厚く支給される

　高額療養費は、被保険者や被扶養者が同じ月に同じ病院などで支払った自己負担額が、高額療養費算定基準額（自己負担限度額）を超えた場合、その超えた部分の額が高額療養費として支給されます。高額療養費算定基準額は、一般の者、上位所得者、低所得者によって、計算方法が異なっています。上位所得者ほど自己負担額が高くなります。

　196ページ図の、「医療費の負担限度額」欄の総医療費（療養に要した費用）とは、同じ月に同じ病院などで支払った医療費の総額です。

　「同じ月に同じ病院など」とは、暦月1か月内（1日から末日まで）に通院した同じ診療科であることが必要です。したがって、たとえ実日数30日以内であっても、暦月で2か月にまたがっている場合は「同じ月」とはいえません。

　また、同じ月で同じ病院に通院していたとしても、診療科が異なっている場合も対象外です。なお、同じ診療科でも入院・通院別に支給の対象になるかどうかを計算します。

　この場合、差額ベッド代や食事療養費、光熱費などは高額療養費の対象にはならないので注意が必要です。高額療養費に該当するかどうかは領収書に記載されている一部負担額が保険内か保険外かを見て判

断します。

● 高額療養費はどのように計算されるのか

次ページの図のように高額療養費は70歳未満、70～74歳で自己負担限度額が異なります。70～74歳では一般的に収入がないため、限度額が低めに設定されています。ただし、現役並みに所得がある場合は、70歳未満と同様の負担限度額が定められています。

具体的な高額療養費の計算は、70歳未満の者だけの世帯と70～74歳の者がいる世帯では異なります。

① 70歳未満の者だけの世帯

高額療養費には世帯合算という制度があります。世帯合算は、同一世帯で、同一の月１か月間（暦月ごと）に21,000円以上の自己負担額を支払った者が２人以上いるときに、それぞれを合算して自己負担額を超えた分が高額療養費として払い戻される制度です。世帯合算する場合もそれぞれの個人は同一医療機関で医療費を支払っていることが要件になります。

つまり、被保険者や被扶養者が同一の月に同一医療機関から受けた療養の自己負担分（21,000円以上のものに限る）を合算した額から、次ページの下図の該当金額を控除した額が高額療養費として給付されます。

また、高額療養費には「多数該当」という自己負担限度額を軽減させる制度があります。具体的には、同一世帯で１年間（直近12か月）に３回以上高額療養費の支給を受けている場合は、４回目以降の自己負担限度額が下がります。

② 70～74歳の者がいる世帯

この世帯では、世帯合算を行う前に、次ページの下図の個人ごとの外来療養について、自己負担額から該当する限度額を控除して高額療養費を計算します。さらに、それでも残る自己負担額を世帯（70～74歳のみ）ごとに合算した金額から該当する限度額を控除して高額療

養費を計算します。この際、外来療養だけでなく、入院療養の自己負担額を加えることができます。最後に③の70歳未満も含めた世帯合算の計算を行うことになります。つまり、3段階で高額療養費を計算するということです。

■ 医療費の自己負担限度額 ···

●1か月あたりの医療費の自己負担限度額（70歳未満の場合）

所得区分	医療費の負担限度額	多数該当
標準報酬月額 83万円以上の方	252,600円＋ （総医療費－842,000円）×1％	140,100円
標準報酬月額 53万円〜79万円の方	167,400円＋ （総医療費－558,000円）×1％	93,000円
標準報酬月額 28万円〜50万円の方	80,100円＋ （総医療費－267,000円）×1％	44,400円
一般所得者 （標準報酬月額26万円以下）	57,600円	44,400円
低所得者 （被保険者が市町村民税 の非課税者等）	35,400円	24,600円

●1か月あたりの医療費の自己負担限度額（70〜74歳の場合）

被保険者の区分		医療費の負担限度額	
		外来（個人）	外来・入院（世帯）
①現役並み所得者（負担割合3割の方）	現役並みⅢ （標準報酬月額 83万円以上）	252,600円＋（総医療費-842,000円）×1％ （多数該当：140,100円）	
	現役並みⅡ （標準報酬月額 53万〜79万円）	167,400円＋（総医療費-558,000円）×1％ （多数該当：93,000円）	
	現役並みⅠ （標準報酬月額 28万〜50万円）	80,100円＋（総医療費-267,000円）×1％ （多数該当：44,400円）	
②一般所得者 （①および③以外の方）		18,000円 （年間上限14.4万円）	57,600円 （多数該当：44,400円）
③低所得者	市区町村民税の 非課税者等	8,000円	24,600円
	被保険者とその扶養 家族すべての者の 所得がない場合		15,000円

● 事前に申請すると自己負担限度額だけの支払いですむ

　高額療養費が支給され、最終的な負担額が軽減されても、医療機関の窓口で一度支払いをしなければなりません。したがって金銭的な余裕がないと、そもそも医療を受けることができないこともあります。そのため入院する人については高額療養費の現物支給化の制度を利用することができます。申請は、国民健康保険の場合は市区町村の窓口、協会けんぽの場合は各都道府県支部、それ以外の医療保険に加入の場合は勤め先の健康保険組合に、限度額適用認定証の申請を行います。これを医療機関に提示することで、自己負担限度額のみの支払いですみます。

■ 高額療養費の計算例 ……………………………………………………

Aさん （52歳、所得：一般）	Bさん （72歳、所得：一般）	Cさん （74歳、所得：一般）
自己負担額 ○○病院（外来） 　　　　10,000円 △△病院（入院） 　　　450,000円	自己負担額 ○○病院（外来） 　　　　50,000円	自己負担額 ○○病院（外来） 　　　　70,000円 △△病院（入院） 　　　100,000円

① **70～74歳の個人ごとの外来療養の高額療養費を計算**
　Bさん　50,000－18,000（196ページ下図）＝32,000円
　⇒18,000円は自己負担
　Cさん　70,000－18,000（196ページ下図）＝52,000円
　⇒18,000円は自己負担

② **70～74歳の世帯ごとの外来・入院療養の高額療養費を計算**
　18,000＋18,000＋100,000－57,600（196ページ下図）＝78,400円
　⇒57,600円は自己負担

③ **70歳未満も含めた世帯ごとの外来・入院療養の高額療養費を計算**
　57,600＋450,000－57,600（196ページ上図）＝450,000円
　高額療養費　32,000＋52,000＋78,400＋450,000＝612,400円
　※Aさんの外来療養は21,000円以下なので対象外となる

Q：手術では、退院までの費用が概算で200万円以上かかるようです。自己負担3割でもかなり高額になりますが、高額療養費という制度は使えるのでしょうか。

A：たとえば、胃ガンの場合、検査・画像診断料、投薬・注射料、手術・麻酔料、処置料、入院費、指導管理料でかかった医療費が200万円だった場合、3割負担で60万円の自己負担となります。相談の社員を70歳未満の被保険者（標準報酬月額28万円～50万円）として、かかった費用を1か月で支出したとすると、下図のようになります。

　つまり、502,570円が高額療養費として払い戻されることになります。なお、入院の際に負担する食事療養標準負担額や生活療養標準負担額、評価療養、患者申出療養、選定療養にかかる特別料金（差額ベッド代など）、訪問看護療養費などは、高額療養費の対象にはなりません。

■ 高額療養費

70歳未満の被保険者（標準報酬月額28万円～50万円）が医療費で200万円、窓口負担（3割）で60万円かかった場合

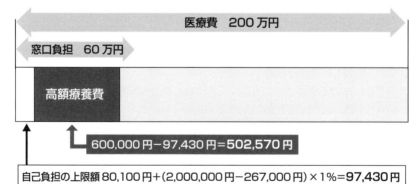

600,000円－97,430円＝502,570円

自己負担の上限額80,100円＋(2,000,000円－267,000円)×1%＝97,430円

高額医療・高額介護合算療養費制度

● 自己負担軽減の目的で設けられた

　1か月の間に医療費が高額となり、一定の額を超えて自己負担額を支払ったとき、「高額療養費」として一定の額を超えた分が支給されます。また、同様に介護サービス費が高額となり、一定の額を超えた場合は、「高額介護サービス費」が支給されます。介護サービス費の高額負担者は、医療費の高額負担者であることも多く、それぞれの制度の自己負担上限額を負担する場合、その合計額は大きな負担となります。

　そこで、その自己負担を軽減する目的で、高額医療・高額介護合算療養費制度が設けられました。この制度は、年額で限度額が設けられ、医療費と介護サービス費の自己負担額の合計が著しく高額となる場合、申請して認められるとその超過額が後から支給されます。

　対象となるのは、被用者保険、国民健康保険、後期高齢者医療制度の医療保険各制度の世帯で、介護保険の受給者がいる場合です。毎年8月1日からの1年間で、その世帯が自己負担する医療費と介護サービス費の自己負担額の合計が、設定された自己負担限度額を超えたときに、超えた金額が支給されます。

　この自己負担限度額は、60万円が基本ベースとなっていますが、加入している医療保険の各制度や世帯所得によって細かく設定されています。

　自己負担限度額は、世帯の年齢構成や所得区分によって図のように異なります。

● 合算を利用するときの手続き

　医療保険が後期高齢者医療制度または国民健康保険の場合は、医療保険も介護保険も所管が市区町村なので、役所の後期高齢者医療または国民健康保険の窓口で支給申請を行います。ただし、年の途中（1年とは8月1日から翌年の7月31日まで）で、医療保険が変更になっている場合（たとえば他の市区町村から移転してきた場合など）は、以前加入していた医療保険窓口に「自己負担額証明書交付申請書」を提出し、「自己負担額証明書」を受け、現在の市区町村に提出します。

　一方、被用者保険の場合、医療保険と介護保険の所管が異なるため、まず介護保険（市区町村）の窓口で介護保険の自己負担額証明書の交付を受け、これを添付して協会けんぽや健康保険組合など、各被用者保険の窓口で、高額医療・高額介護合算制度の支給申請をする必要があります。

■ 高額医療・高額介護合算療養費の自己負担限度額 ……………

70歳未満の場合

所得区分	基準額
標準報酬月額　83万円以上の方	212万円
標準報酬月額　53万円〜79万円の方	141万円
標準報酬月額　28万円〜50万円の方	67万円
標準報酬月額　26万円以下の方	60万円
低所得者 （被保険者が市町村民税の非課税者等）	34万円

※なお、70歳以上の場合、上表と異なり、①現役並み所得者（標準報酬月額28万円以上で高齢受給者証の負担割合が3割の方）67〜212万円、②一般所得者（①および③以外の方）56万円、③低所得者で被保険者が市町村民税の非課税者等である場合31万円、被保険者とその扶養家族すべての者の所得がない、かつ、公的年金額が80万円以下、給与所得が10万円以下の場合19万円となります。

8 傷病手当金

● 業務外の病気やケガで就業できない場合に支給される

業務中や通勤途中で病気やケガをした場合は、労災保険から補償を受けることになりますが、業務外の病気やケガで働くことができなくなり、その間の賃金を得ることができない場合は、健康保険から傷病手当金が支給されます。

傷病手当金の給付を受けるためには、療養のために働けなくなり、その結果、連続して3日以上休んでいたことが要件となります。ただし、業務外の病気やケガといっても美容整形手術で入院したなどで傷病手当金の支給要件を満たしたとしても、療養の対象とならないため傷病手当金は支給されません。

「療養のため」とは、療養の給付を受けたという意味ではなく、自分で病気やケガの療養を行った場合も含みます。「働くことができない」状態とは、病気やケガをする前にやっていた仕事ができないことを指します。なお、軽い仕事だけならできるが以前のような仕事はできないという場合にも、働くことができない状態にあたります。

● 支給までには3日の待期期間がある

傷病手当金の支給を受けるには、連続して3日間仕事を休んだことが要件となりますが、この3日間はいつから数える（起算する）のかを確認する必要があります。

3日間の初日（起算日）は、原則として病気やケガで働けなくなった日です。たとえば、就業時間中に業務とは関係のない事由で病気やケガをして働けなくなったときは、その日が起算日となります。また、就業時間後に業務とは関係のない事由で病気やケガをして働けなく

なったときは、その翌日が起算日となります。

　休業して４日目が傷病手当金の支給対象となる初日となり、それより前の３日間については傷病手当金の支給がないため「待期の３日間」と呼びます。待期の３日間には、会社などの公休日や有給休暇も含みます。この３日間は必ず連続している必要があります。

● 傷病手当金は通算して１年６か月まで支給される

　傷病手当金の支給額は、１日につき標準報酬日額の３分の２相当額です。ただ、会社などから賃金の一部が支払われたときは、傷病手当金と支払われた賃金との差額が支払われます。

　標準報酬日額とは、支給開始日以前12か月間の標準報酬月額を平均した額の30分の１の額です。また、傷病手当金の支給期間は、出勤した日は含まずに、欠勤した日のみを通算して１年６か月です。ただし、支給開始日が令和２年７月２日以降のものからが対象となり、支給開始日が令和２年７月１日以前のものについては、出勤した日も含めて１年６か月となります。なお、支給期間は、支給を開始した日からの暦日数で数えます。そして、その１年６か月間のうち実際に傷病手当金が支給されるのは、労務不能で就業できない日です。

■ 傷病手当金の支給期間 ………………………………………………

支給開始日

支給開始日から通算して１年６か月まで

待期期間 （３日間）	欠勤 （傷病手当金受給）	出勤	欠勤 （傷病手当金受給）	出勤	欠勤 （傷病手当金受給）

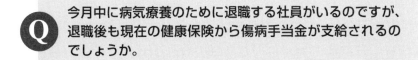

Q 今月中に病気療養のために退職する社員がいるのですが、退職後も現在の健康保険から傷病手当金が支給されるのでしょうか。

A 健康保険の被保険者が退職すると、その翌日には資格喪失し、健康保険の給付を受けられなくなるのが原則です。しかし、退職前に一定の要件を満たしている者は、退職後も傷病手当金を受給できます。これを資格喪失後の傷病手当金といいます。要件は次の2つです。

① 退職日までに継続して1年以上被保険者だったこと。

② 退職の際、傷病手当金を受けていたか、受ける条件を満たしていたこと。

受給権者であればよく、資格喪失時点で傷病手当金を受給できる状態にありながら、会社から報酬を受けているために傷病手当金の支給が停止されている者は、退職して事業主から報酬をもらえなくなれば、その日から傷病手当金が支給されます。

支給期間は支給開始後通算して（出勤日を含まず）1年6か月で、1日につき支給開始日以前の12か月の各報酬標準月額を平均した額÷30日の3分の2に相当する金額が支給されることになります。なお、退職日に出勤をした場合は、継続給付の要件を満たさなくなるために、退職日の翌日以降の傷病手当金については支給されなくなるため注意が必要です。

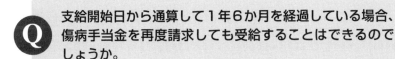

Q 支給開始日から通算して1年6か月を経過している場合、傷病手当金を再度請求しても受給することはできるのでしょうか。

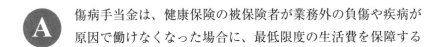

A 傷病手当金は、健康保険の被保険者が業務外の負傷や疾病が原因で働けなくなった場合に、最低限度の生活費を保障する

ための給付です。①療養のために休業していること、②労務不能であること、③連続した３日間の欠勤期間（待期）があること、の３つの要件を満たせば支給されます。ご指摘のように、支給期間があって、支給開始から通算して（出勤日を含まず）１年６か月までですが、その期間内であれば、同じ傷病についての傷病手当金が再度支給されます。

　支給期間を経過している場合は、同種の傷病でも一度治ゆしていれば支給期間は新たに計算されることがあります。たとえば、毎年インフルエンザにかかって休業したような場合、前述の要件さえ満たしていれば、そのつど支給される場合がありますが、保険者の判断となります。なお、本人が定期的に通院しているような場合は、治ゆしていないということになり、打ち切り後の支給はされないでしょう。

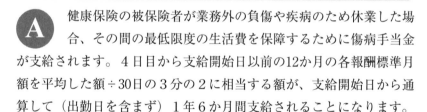

Q　傷病手当金と報酬はどのように調整されるのでしょうか。

健康保険の被保険者が業務外の負傷や疾病のため休業した場合、その間の最低限度の生活費を保障するために傷病手当金が支給されます。４日目から支給開始日以前の12か月の各報酬標準月額を平均した額÷30日の３分の２に相当する額が、支給開始日から通算して（出勤日を含まず）１年６か月間支給されることになります。

　ただし、休業中の被保険者や家族の生活保障ということから、事業主から十分な報酬が受けられる場合は支給されません。

　会社が休業中も給与を支払う場合、傷病手当金相当額が保障の基準であり、傷病手当金以上の給与を支払った日については、傷病手当金は不支給となりますし、傷病手当金未満の給与を支給した場合には、傷病手当金はその差額だけ支給されます。たとえば、傷病手当金の金額を見込んで、給与日額の50％を支払った場合は、傷病手当金の額は差額である６分の１相当額になってしまいます。

出産した場合の給付

● 出産で会社を休んだ場合のための給付がある

　出産は病気やケガではありませんので、出産にかかる費用について
は療養の給付を受けることができません。

　そこで、健康保険では、出産のために仕事を休んだ場合の賃金の補
てんと出産費用の補助を行っています。賃金の補てんとしての給付を
出産手当金、出産費用の補助としての給付を出産育児一時金といいます。

● 出産手当金は産前42日産後56日まで支給される

　被保険者が出産のため、休業することによって、賃金を得ることが
できなかった場合（または減額された場合）に支給されます。

　出産手当金の支給を受けることができる期間は、出産日以前（産
前）42日（双児以上の妊娠は98日）から出産日後（産後）56日までの
間です。出産日当日は産前に含まれます（次ページの図参照）。出産
手当金の支給額は、休業１日につき標準報酬日額（支給開始日以前12
か月間の標準報酬月額の平均額の30分の１の額）の３分の２相当額で
す。ただ、会社などから賃金の一部が支払われたときは、出産手当金
と支払われた賃金との差額が支給されます。

　出産手当金の出産とは妊娠85日（４か月）以上の出産をいいます。
早産、死産、流産、人工中絶も含みます。

　また、実際の出産が当初の予定日より遅れた場合は、実際に出産し
た日までの期間について出産手当金が支給されます。つまり、出産手
当金の産前の支給期間が42日（双児以上の場合は98日）よりも延びる
ことになります。逆に出産が予定日よりも早まったときは、支給期間
が42日に満たないこともあります。

出産手当金は傷病手当金と違い、対象となる休業期間に働くことができるかどうかは関係ありません。実際に働かなかった日があれば、出産手当金の支給の対象となります。

◉ 出産育児一時金として42万円が支給されている

　健康保険の被保険者が出産したときは、被保険者またはその被扶養者である家族が妊娠4か月以後（妊娠85日以後）に出産したときに、出産育児一時金として一児につき42万円が支給されます（双児以上の場合は42万円×人数分）。ただし、産科医療補償制度（出産時の事故で重度の脳性麻痺児が生まれた場合に補償を行う制度）に加入しない保健医療機関で出産した場合、支給額は40万4000円となります。

■ 出産手当金が支給される期間 ……………………………………

● 予定日に出産、または予定日より前に出産した場合

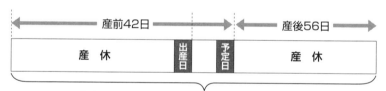

出産手当金が支給される期間（予定日出産の場合）

※出産予定日より出産が早まった場合、早まった分、産前期間が短くなる
　（産後期間は出産日から56日）

● 予定日より遅れて出産した場合

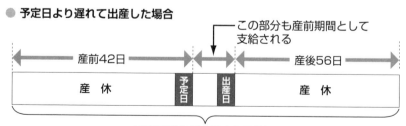

出産手当金が支給される期間

Q 出産退職した労働者に対しても出産手当金は支給される
のでしょうか。

A 健康保険では、出産に対する給付として「出産手当金」と「出産育児一時金」の2つがあります。

　退職して健康保険の被保険者としての資格を喪失した後でも、要件を満たせば「出産手当金」と「出産育児一時金」を受給できます。

　出産手当金については資格を喪失する日の前日までに継続して1年以上被保険者であった人は、資格を喪失した際に受給していた出産手当金を引き続いて受給することができます。

　なお、出産手当金とあわせて出産育児一時金も請求できます（給付額は一児ごとに42万円）が、資格喪失後から6か月以内の出産が要件です。夫の扶養に入っている場合、夫の健康保険の家族出産育児一時金と、どちらか一方を選択することになります。

Q 死産の場合の産後休暇に出産手当金は支給されるので
しょうか。

A 不幸にして死産となった場合でも、その後56日の間で、労務に服することができず、給与を受けられなかった日については、出産手当金は支給されます。給与を受けられなかった日についてなので、産前と同様に有給休暇をとっていないことが条件です。

　なお、仮に出産の日後56日以内に退職をし、被保険者の資格を喪失した場合でも、要件を満たせば資格喪失の日から出産の日後56日までの期間の出産手当金は支給されます。

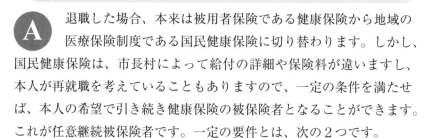

Q 任意継続被保険者となってから出産した場合、出産手当金や出産育児一時金が支給されるのでしょうか。

A 退職した場合、本来は被用者保険である健康保険から地域の医療保険制度である国民健康保険に切り替わります。しかし、国民健康保険は、市長村によって給付の詳細や保険料が違いますし、本人が再就職を考えていることもありますので、一定の条件を満たせば、本人の希望で引き続き健康保険の被保険者となることができます。これが任意継続被保険者です。一定の要件とは、次の2つです。

① 被保険者でなくなった日の前日（退職した日）までに継続して2か月以上の被保険者期間があること。

② 被保険者でなくなった日（退職日の翌日）から20日以内に申請をすること。

　任意継続被保険者になることができる期間は2年間に限られています。

　任意継続被保険者の給付内容は、傷病手当金と出産手当金が任意継続被保険者に支給されないことを除いて、在職中の給付と同じです。

　つまり、任意継続被保険者となってから出産した場合、出産育児一時金は支給されますが、出産手当金は支給されません。

　ただし、任意継続被保険者となる前に正社員として会社に勤務していた場合など、1年以上一般の被保険者としての勤務期間があり、一般の被保険者としての資格を喪失したときに現に出産手当金の支給を受けているようなケースでは、資格喪失後の給付として出産手当金も支給されます。

　もっとも、任意継続被保険者期間中の保険料は、在職中事業主が負担していた分も含めて全額自己負担する必要があります。

　特に出産を理由に退職することを考えているような場合、任意継続を利用するのか、国民健康保険に加入するのかということを含めて検討する必要があるでしょう。

10 入院時食事療養費・生活療養費

● 入院中の食事の提供を受けることができる

病気やケガなどをして入院した場合、診察や治療などの療養の給付（現物給付）の他に、食事の提供を受けることができます。この食事の提供（現物給付）としての保険の給付を入院時食事療養費といいます。

ただし、後期高齢者医療給付における入院時食事療養費を受けることができる者には、同法による給付があるため、健康保険からの支給は行われません。

入院時食事療養費の給付を受けた場合、原則として1食あたり460円の自己負担額を支払う必要があります。これを標準負担額といいます。なお、標準負担額については、次ページの図のような住民税非課税者などへの減額措置が設けられています。

● 入院時生活療養費はどんな場合に支給されるのか

介護保険が導入され、要介護認定された人はさまざまな介護サービスを受けることができるようになりました。一方で入院患者は、症状が重い間は、医師や看護婦により十分な看護を受けていますが、ある程度症状安定し、リハビリが必要となる段階で、看護が少なくなり、65歳以上の高齢者は介護を受けながら生活するようになります。そこで、介護保険との均衡の観点から、入院する65歳以上の者の生活療養に要した費用について、保険給付として入院時生活療養費が支給されています。

入院時生活療養費の額は、生活療養に要する平均的な費用の額から算定した額をベースに、平均的な家計における食費及び光熱水費など、厚生労働大臣が定める生活療養標準負担額を控除した額、となっています。

なお、低所得者の生活療養標準負担額については、下図のように軽減されています。

■ 食事療養についての標準負担額 ·································

対象者区分	標準負担額 （１食あたり）
一般の者【原則】	460円
指定難病患者、小児慢性特定疾患の者 （住民税非課税世帯以外）	260円
住民税非課税世帯の者	210円
住民税非課税世帯の者（入院日数が 90 日を超える者）	160円
70 歳以上で、住民税非課税世帯かつ所得が 一定基準に満たない者	100円

■ 入院時の生活療養についての標準負担額 ·····················

区　分		食費負担額 （１食につき）	居住費負担額 （１日につき）
課税世帯	医療区分Ⅰ （Ⅱ・Ⅲ以外）	460円 （420円※2）	370 円
	医療区分Ⅱ・Ⅲ※1	460円	370 円
	難病患者など	260円	0円
低所得者Ⅱ （市民税非課税世帯）		210円 （160円※3）	370 円
低所得者Ⅰ （70 歳以上で年金収入 80 万円以下など）		130円 （100円※4）	370 円

※1　医療の必要性の高い場合
※2　管理栄養士などを配置していない保険医療機関に入院している場合
※3　入院の必要性が高く、直近 12 ヶ月の入院日数が 90 日を超えている場合
※4　入院の必要性が高い場合など

家族療養費

◉ 被扶養者には家族療養費が支給される

　被保険者の被扶養者が病気やケガをして、保険医療機関で療養を受けたときは、家族療養費が給付されます。

　家族療養費は被保険者が受ける療養の給付、療養費、保険外併用療養費、入院時食事療養費、入院時生活療養費を一括した給付です。

　そのため、現物（治療行為など）で給付を受けるもの（現物給付）と現金で給付を受けるもの（現金給付）とがあります。家族療養費の給付内容は、被保険者が受ける療養の給付などの給付とまったく同じものになります。

　たとえば、療養の給付であれば、保険医療機関の窓口で健康保険被保険者証（カード）を提出して、診察、薬剤・治療材料の支給などを受けますが、被扶養者も保険証を提示して治療などを受けます。

　現物給付として家族療養費の支給を受けることができない場合に、現金給付である家族療養費の支給を受けることができますが、現金給付での家族療養費の支給を受ける場合には、被保険者に対する療養費と同様に以下の要件を満たすことが必要です。

・保険診療を受けることが困難であるとき
・やむを得ない事情があって保険医療機関となっていない病院などで
　診療・手当などを受けたとき

◉ 被扶養者が治療を受けた場合の自己負担額

　自己負担額（被保険者が負担する部分）も被保険者と同じように、義務教育就学後70歳未満の者については3割、義務教育就学前の者は2割、70歳以上の者は2割（ただし、一定以上の所得者については3

割）となっています。

　なお、一定以上の所得者とは、70歳に達する日の属する月の翌月以後にある被保険者で、療養を受ける月の標準報酬月額が28万円以上である者の被扶養者（70歳に達する日の属する月の翌月以後にある被扶養者に限る）です。

　ただし、標準報酬月額が28万円以上の者であっても年収が一定額以下の場合には申請により一定以上の所得者とならないことができます。

● 家族療養費が支給されない者もいる

　後期高齢者医療制度の給付を受けることができる者には家族療養費の支給は行いません。また、介護保険法に規定する指定介護療養型医療施設の療養病床などに入院中の者にも家族療養費が支給されません。

■ 被扶養者に対する給付 ……………………………………………

**被扶養者に
対する給付**

家族療養費
被保険者が受け取る療養の給付、療養費、
保険外併用療養費、入院時食事療養費・生活療養費を
一括した給付

高額療養費・高額介護合算療養費
被保険者の場合と同様

家族埋葬料
５万円

家族出産育児一時金
被保険者の場合と同様

訪問看護療養費と移送費

● 訪問看護療養費はどんな場合に支給されるのか

　末期ガン患者などの在宅で継続して療養を受ける状態にある者に対して行う、健康保険の給付が訪問看護療養費です。訪問看護療養費は、かかりつけの医師の指示に基づき、指定訪問看護事業者（訪問看護ステーションに従事する者）の看護師等による訪問看護サービスの提供を受けたときに支給されます。

　指定訪問看護事業者とは、厚生労働大臣の定めた基準などに従い、訪問看護を受ける者の心身の状況などに応じて適切な訪問看護サービスを提供する者です。厚生労働大臣の指定を受けた事業者で、医療法人や社会福祉法人などが指定訪問看護事業者としての指定を受けています。

　訪問看護療養費は、保険者が必要と認めた場合に限って支給されます。たとえば、末期ガン、筋ジストロフィー・脳性まひなどの重度障害、難病、脳卒中などの場合の在宅療養が対象となります。

　訪問看護サービスを受けた場合、被保険者は厚生労働大臣の定めた料金の100分の30の額を負担する他、訪問看護療養費に含まれないその他の利用料（営業日以外の日に訪問看護サービスを受けた場合の料金など）も負担します。

● 転院時のタクシー代などが支給される

　現在かかっている医療機関の施設や設備では十分な診察や治療が受けられないようなケースにおいて、患者が自力で歩くことが困難なときは、タクシーなどを使って、移動する必要があります。医師の指示によって、緊急に転院した場合などのように、転院に伴って必要にな

るタクシー代などの移動費について、健康保険から給付を受けることができます。これを移送費といいます。移送費は現金給付です。

いったんタクシー代などの移送費を自分で支払い、後で、移送費相当額の給付を受けることになります。移送費は原則として保険者（届出先は全国健康保険協会各都道府県支部または健康保険組合）による事前承認が必要になります。ただ、緊急を要するなどのやむを得ない事情がある場合は事後承認でもかまいません。

◉ 支給額は合理的な経路による場合の運賃全額

移送費として受けることができる額は、低廉かつ通常の経路および方法によって移送した場合の運賃になります。

なお、医師が医学的に必要だと認める場合は、医師や看護師などの付添人（1人だけ）にかかった交通費も移送費として支給されます。

■ 訪問看護療養費の支給要件 ·····························

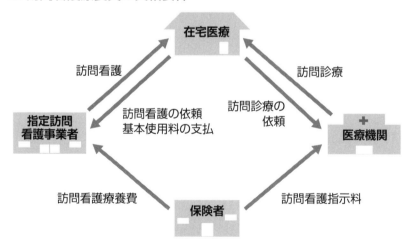

死亡した場合の給付

● 被保険者が死亡すると遺族に埋葬料が支給される

　被保険者が業務外の事由で死亡した場合に、その被保険者により生計を維持されていた人で埋葬を行う人に対して埋葬料が支払われます。

　埋葬料は、被保険者が自殺した場合にも支払われます。

　「被保険者により生計を維持されていた人」とは、被保険者である親が死亡した場合の子などです。ただ、民法上の親族や遺族でない者でも、同居していない者であってもかまいません。また、生計の一部を維持されていた人も含みます。健康保険の被扶養者である必要はありません。

　「埋葬を行う人」とは、常識的に考えて埋葬を行うべき人をいいます。たとえば、従業員である被保険者が死亡して、社葬を行ったとしても、死亡した被保険者によって生計を維持している配偶者がいる場合は、その配偶者が、埋葬を行う人となり、配偶者に埋葬料が支給されます。他にも被保険者の子がこれにあたります。被保険者の配偶者や子がいない場合は、被保険者の兄弟姉妹やその他親戚の者などです。

　埋葬料の額は、標準報酬月額に関わりなく、協会けんぽの場合一律5万円です。埋葬料を請求するときは、「健康保険埋葬料支給申請書」に、死亡診断書などを添付して保険者に提出します。このとき、健康保険被保険者資格喪失届と被保険者の健康保険証（被扶養者分も含む）も一緒に提出することになります。

　被扶養者分も含めて健康保険証を保険者に返還するということは、それ以降、健康保険からの給付が受けられないということです。なお、被保険者が死亡する前に、被保険者の資格を喪失していた場合でも、以下に該当する場合は、埋葬料（または後述する埋葬費）が支給されます。

① 資格を喪失した後３か月以内に死亡した場合
② 資格を喪失した後の傷病手当金または出産手当金の継続給付を受けている間に死亡した場合
③ 資格を喪失した後の傷病手当金または出産手当金の継続給付を受けなくなってから３か月以内に死亡した場合

● 身寄りのない者のときは埋葬者に支給される

　身寄りのない１人暮らしの被保険者が亡くなったときのように、被保険者と生計維持関係にあった者がいないため、埋葬料を受ける者がいない場合は、実際に埋葬を行った者に埋葬費が支給されます。被保険者と離れて暮らしている被保険者の子、父母、兄弟姉妹や、友人、会社の同僚、町内会の代表などが埋葬を行った場合も該当します。

　埋葬費の額は、埋葬料の金額の範囲内で、実際に埋葬に要した実費相当額です。費用には霊柩車代、霊前供物代、僧侶謝礼、火葬料などが含まれますが、参列者の接待費用や香典返しなどは含まれません。

● 被扶養者が死亡したら家族埋葬料が支給される

　被扶養者が死亡したときは、被保険者に対して家族埋葬料が支給されます。家族埋葬料の支給額は、協会けんぽの場合、一律５万円です。死産児は被扶養者に該当しないことから、家族埋葬料の支給の対象にはなりません。請求方法は埋葬料の場合と同じです。

■ 死亡した場合の給付 ……………………………………………

死亡したとき

被保険者の死亡
５万円（埋葬料）

被扶養者の死亡
被保険者に対して５万円支給（家族埋葬料）

Q 健康保険からは、退職者に対しても埋葬料または埋葬費が支給されるのでしょうか。

A 健康保険では、被保険者に対して保険給付をするのが原則ですが、ⓐ在職中に保険給付を受けている社員が退職後も継続して受給する場合（継続給付）と、ⓑ資格喪失した後に保険給付を受ける事由が生じた場合には、退職後でも保険給付をすることがあります。質問の退職後の埋葬料・埋葬費はⓑに該当します。

資格喪失後の埋葬料・埋葬費の支給要件は、①被保険者だった人が資格喪失後3か月以内に死亡したこと、②被保険者だった人が、資格喪失後の傷病手当金または出産手当金の継続給付を受けている最中に死亡したこと、③被保険者だった人が、資格喪失後の傷病手当金または出産手当金の継続給付の給付を受けなくなった日後3か月以内に死亡したとき、のいずれかです。

埋葬料は、上記の要件に該当した者が死亡した当時、その者によって生計を維持していた者で、埋葬を行う者に対して支給されます。

ここで生計を維持していた者とは、死亡当時被保険者の収入によって生計を維持していた事実があれば、被扶養者、同一世帯、親族関係等の要件にかかわらず認められます。埋葬費は、その者によって生計を維持したものがいない場合に、実際に埋葬を行った者に対して支給されるものです。

ご質問のケースの退職する労働者についても、前途した①～③の要件を満たす場合には、埋葬料または埋葬費が支給されます。支給額は、埋葬料が5万円、埋葬費は埋葬に要した費用に相当する金額（上限は埋葬料の5万円）です。なお、埋葬費の申請の場合は、埋葬に要した費用に相当する金額がわかるもの（埋葬に要した領収書や埋葬に要した費用の明細書）が必要となります。

任意継続被保険者

● 任意継続の保険料には上限がある

　健康保険には、退職後も在籍していた会社の健康保険制度に加入できる任意継続被保険者という制度があります。

　退職日までに被保険者期間が継続して2か月以上あれば、被保険者資格を喪失した日から2年間、任意継続被保険者になることができます。ただし、75歳以上で後期高齢者医療制度へ加入しなければならない場合は、任意継続被保険者になることはできません。また、再就職して新たに健康保険等の被保険者資格を取得した場合は、任意継続被保険者としての資格は喪失します。

　任意継続被保険者は、会社を通さず、個人で、在職中に加入していた健康保険に継続して加入することになります。

　傷病手当金、出産手当金を除いて在職中と同様に、健康保険の給付を受けることができます。ただ、在籍中は、会社が保険料の半分を負担していましたが、任意継続後は、全額を自己負担することになります。

　任意継続においては、保険料に上限があるのがポイントです。上限額は保険者によって異なりますが、全国健康保険協会管掌健康保険では標準報酬月額30万円の場合の保険料が上限になります（東京都の介護保険第2号被保険者該当者の場合、令和4年4月分からは、34,350円）ので、在職中の保険料がこの上限を超えていた者や被扶養者の多い者は、国民健康保険を選択するよりも保険料が安くなることもあります。

　保険料は、原則2年間は変わりません。ただし、都道府県別の健康保険料率や介護保険料率が変更された場合や、標準報酬月額の上限に変更があった場合は、それに合わせて変更されます。

● 保険料の納付が１日でも遅れると資格を失う

　任意継続被保険者になるためには、退職日の翌日から20日以内に、「健康保険任意継続被保険者資格取得申出書」を保険者に提出しなければなりません。毎月の保険料は、月初めに送付される納付書で原則として毎月10日までに納付することになります。納付方法は、コンビニエンスストア、一部金融機関窓口、一部金融機関ATM、インターネットバンキングの他、口座振替を選択することもできます。また、６か月分、12か月分および任意継続被保険者となった翌月分から９月分まで（または３月分まで）を前納することができます。

　任意継続被保険者としての資格を取得してから２回目以降の保険料の納付が１日でも遅れると、原則として被保険者資格がなくなります。任意継続は、年齢に関係なく最長で２年間です。なお、初めて納付すべき保険料を納付期限までに納付できなかった場合は、最初から任意継続被保険者とならなかったこととして扱われますので注意が必要です。

　毎月の保険料の納付が１日でも遅れると、原則として被保険者資格がなくなります。任意継続は、年齢に関係なく最長で２年間です。

　任意継続をする場合、継続期間中は保険料が変わりません。これに対して、市区町村によって運営されている国民健康保険の保険料は前年の所得などによって、毎年度変わりますから、退職した年は任意継続の保険料が低いと思っても、次年度以降で国民健康保険のほうが有利になることもあります。

■ 任意継続被保険者の手続 ·······························

全国健康保険協会管掌健康保険
　　全国健康保険協会の都道府県支部
組合管掌健康保険
　　従前の健康保険組合事務所

任意継続被保険者 →

退職後の健康保険

● 必ず医療保険には入らなければならない

　健康保険は会社を退職すると加入資格を失いますので、在職中に使っていた健康保険証（健康保険被保険者証）は、会社を通して返却しなければならず、退職した日の翌日からは使えません。現在の健康保険制度は、国民すべてがいずれかの公的医療保険制度に加入することになっています。会社を退職した後は、国民健康保険などのいくつかの制度の中から該当するものを選ぶことになります。

● 任意継続被保険者や国民健康保険を検討する

　会社に勤めている間は、組合または全国健康保険協会管掌の健康保険の被保険者になっています。しかし、会社を辞めると、後にどの健康保険に入るのかを自分で決めなければなりません。

　会社を退職した後は、通常、再就職して再度健康保険の被保険者となるまでの間任意継続被保険者になるか、市区町村が運営する国民健康保険へ加入することになります。

　なお、健康保険は被保険者だけでなく、被扶養者も給付の対象としている点に特徴があります。そのため、退職後、次の就職先が見つかるまでの間、家族が被保険者になっている健康保険の被扶養者になるという方法もあります。

● 特例退職被保険者になることができる場合もある

　在職中の健康保険が、厚生労働大臣の認可を受けた特定健康保険組合の組合管掌の健康保険であれば、特例退職被保険者として退職後も健康保険の被保険者になることができます。特例退職被保険者になれ

るかどうかは、健康保険組合の加入期間が20年以上で、厚生年金を受給しているかどうかなど特定健康保険組合の約款により定められます。

　特例退職被保険者には健康保険組合から、健康保険の一般被保険者と基本的に同様の給付を受けることができます。ただし、傷病手当金と出産手当金を受給することはできません。

　この特例退職被保険者制度は、定年後から後期高齢者医療制度に加入するまでの間、今までと同程度の保険給付を受けることが可能な制度です。しかし、近年の高齢者の医療費の増加もあって、健康保険組合の財政は圧迫されており、特例退職被保険者制度を維持しているのはごく少数だといえます。

■ 退職後の健康保険 ……………………………………………………

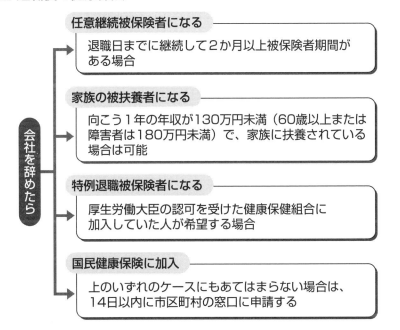

会社を辞めたら

任意継続被保険者になる
退職日までに継続して２か月以上被保険者期間がある場合

家族の被扶養者になる
向こう１年の年収が130万円未満（60歳以上または障害者は180万円未満）で、家族に扶養されている場合は可能

特例退職被保険者になる
厚生労働大臣の認可を受けた健康保健組合に加入していた人が希望する場合

国民健康保険に加入
上のいずれのケースにもあてはまらない場合は、14日以内に市区町村の窓口に申請する

Q 任意継続被保険者となった場合、同居している母親を今までどおりに被扶養者とすることはできるのでしょうか。

 A 任意継続被保険者になると、新たに被保険者証が交付されます。記号番号も新しいものが振り出されていますので、保険医療機関の受付では新しい被保険者証の提示を忘れないようにしましょう。

お母様を被扶養者にすることについてですが、これは可能です。任意継続被保険者の被扶養者の範囲は、一般の被保険者と同じです。したがって、要件としては、生計維持関係があることが必要となります。被保険者の父母を被扶養者とする場合は、同居・別居どちらでも被扶養者とすることができます。ご質問者のようにお母様と同居している場合は、お母様の年間収入が130万円未満（60歳以上の者と障害者については180万円未満）であり、なおかつ被保険者の年間収入の2分の1未満であることが求められます。

 Q 健康保険の任意継続被保険者と国民健康保険では、どちらが有利なのでしょうか。

 A どちらが有利かは一概にはいえません。

まず、報酬についてですが、国民健康保険では、保険料は基本的に前年の所得をもとに4月から翌年3月までの1年間で算出します。しかし、国民健康保険は市町村ごとに運営されており、算定方法の詳細は一様ではありません。一方、任意継続被保険者については、退職時の報酬（標準報酬月額、上限30万円）に保険料率をかけたものが保険料となります。また、任意継続被保険者となると、それまで事業主が負担していた部分も含めて全額を本人が負担しなければなりません。次に給付ですが、国民健康保険では法定必須給付以外の傷病手

当金、出産手当金などは市町村によって支給されません。任意継続被保険者については、傷病手当金と出産手当金が支給されません。本人が保険料と給付の両面から比較検討することが大切です。

Q 社員の退職日と国民健康保険の加入について、会社としては、末日の前日に退職し、末日付けで国民健康保険に加入してもらったほうがよいのでしょうか。

A 退職の場合、社会保険（健康保険・厚生年金保険）の資格喪失日はその退職日の翌日です。したがって、たとえば10月31日に退職した場合は、翌日の11月1日に資格喪失したことになります。ただ、保険料については、資格取得日の属する月分から資格喪失日の前月分まで月単位で扱われます。10月31日に退職した場合は翌日の11月1日が資格喪失日になりますから、その前月の10月分までの保険料を納めることになります。また、10月30日に退職した場合、資格喪失日は10月31日となり、納付すべき保険料はその前月である9月分までです。

一方、国民健康保険の資格取得日は、加入していた健康保険の資格喪失日であり、保険料もその月から発生します。ですから10月31日で退職した場合、資格喪失月11月の前月である10月分の社会保険料に加えて、資格喪失月11月分（つまり国民健康保険の資格取得月）の国民健康保険料も納めなければいけません。10月30日退職であれば、保険料は社会保険は9月分まで、国民健康保険は10月分からということになります。

ただし、国民健康保険はそれぞれの市町村が保険者であり、保険料の計算方法は市区町村によって異なります。会社にとって、社員の退職日がいつがよいかについては実際に住所地の市区町村窓口に問い合わせて比較してみるとよいでしょう。

16 損害賠償請求の代位取得

◯ 代位取得とは

　自動車事故などにあってケガをした場合、被害者である被保険者（または被扶養者）は事故の加害者に対して、ケガの治療費など（治療費や治療で仕事を休んだために収入が減った分の補てんなど）の損害相当額を請求できます。これが、民法が規定する損害賠償請求権です。

　ただ、事故のように緊急を要する場合には、とりあえず健康保険を使って治療を受けることもあります。こういったケースでは、本来、事故の加害者が負うべき被害者の治療費を健康保険が支払った形になります。この場合、被害者が健康保険からの給付に加えて加害者からの損害賠償を受けることができるとすると、二重に損害の補てんを受けることができることになります。いかに被害者とはいえ、そこまで認めるのは不合理です。

　そこで、このケースのように先に健康保険からの給付を受けた場合、保険者（全国健康保険協会または健康保険組合）は保険給付を行った額を限度として、被害者（被保険者または被扶養者）が加害者（第三者）に対して有する損害賠償請求権を取得することとしました。これを損害賠償請求権の代位取得といいます。保険者は第三者への通知や承諾を得なくても当然に権利を取得しますので、直接、第三者に対して損害賠償を請求することができます。なお、加害者が未成年者などで自分の行為の責任を弁識する能力が足りない場合には、その監督義務者（親権者など）に対して損害賠償を請求することができます。

◯ 先に損害賠償を受けると健康保険は支給されない

　代位取得の場合とは逆に、健康保険の保険給付を受ける前に加害者

から損害賠償としての治療費などの支払いを受けた場合は、支払いを受けた価額の限度において健康保険の給付を行わなくてもよいことになっています。

　なお、ひき逃げされた場合などのように加害者としての第三者がわからないこともありえます。このようなケースでは、被害者は健康保険の保険給付を受けることになります。

◉ 代位取得の範囲はどこまでか

　保険者が代位取得する損害賠償請求権は、療養の給付としての現物給付相当額に限らず、入院時食事療養費や入院時生活療養費、保険外併用療養費、傷病手当金を受けた場合のその額や被害者が死亡した場合の給付である埋葬料（費）についても含みます。ただ、保険給付とは関係のない精神的損害の補てんである慰謝料や見舞金などについては、代位取得の対象とはなりません。

　また、被害者と加害者の間で示談が成立している場合、被害者が賠償金を受け取った日において被害者が加害者に対して持っている損害賠償請求権が消滅し、それに伴い保険者による代位取得の余地もなくなるので、保険給付は行われないことになります。損害賠償の一部についてだけ示談が成立した場合は、残りの部分について代位取得の余地が残ります。

■ 代位取得の範囲 ･･･

代位取得
- ・療養給付としての現物給付相当額
- ・傷病手当金相当額
- ・埋葬料（費）相当額　など

パートタイマーの労働保険や社会保険への加入条件

　パートタイム・有期雇用労働法は、正社員と同視できる短時間・有期雇用労働者に対する差別取扱いを禁止しています。一定の要件に該当すれば、パートタイマーも労働保険や社会保険に加入する必要があります（下図）。労災保険は、事業所単位で強制加入ですので、パートタイマーも当然に適用対象です。雇用保険は、1週間の労働時間が20時間以上であるなどの要件を満たした労働者が被保険者になります。社会保険は、原則として1週間の労働時間と1か月の労働日数が正社員の4分の3以上の労働者が被保険者になります。1週間の労働時間または1か月の労働日数が4分の3未満の場合は、①1週の労働時間20時間以上、②月額賃金8.8万円以上（年収106万円以上）、③勤務期間2か月以上（見込みを含む）、④学生でない、⑤従業員が常時101人以上の企業（令和6年10月からは51人以上）という要件を満たす労働者も被保険者になります。

■ パートタイマーと労働保険・社会保険の適用 ……………………

保険の種類		加入するための要件
労働保険	労災保険	なし（無条件で加入できる）
	雇用保険	31日以上引き続いて雇用される見込みがあり、かつ、1週間の労働時間が20時間以上であること
社会保険	健康保険	1週間の所定労働時間および1か月の所定労働日数が正社員の4分の3以上であること
	厚生年金保険	※1週間の所定労働時間または1か月の所定労働日数が正社員の4分の3未満で一定条件を満たしていること（本文参照）

第7章

最低限知っておきたい
厚生年金のしくみ

厚生年金保険とは

● 厚生年金の保険料

　厚生年金は一定の条件を満たす被保険者やその遺族に対し、生活費となる現金を給付する制度です。厚生年金は国民年金に加算して支給されますので、国民年金にしか加入していない自営業者などよりも手厚い保障を受けられることになります。厚生年金の受給資格があるか、受給金額がいくらになるかは、被保険者の加入期間と掛けていた保険料によって異なります。

　厚生年金の保険料は、毎月の給与や、賞与から天引きされます。天引きされた金額と同額の保険料を会社がさらに拠出し、両方の金額が厚生年金保険料として会社から国に納められます。

　厚生年金の保険料の決め方は、給与や賞与に国が決めた保険料率を掛けて算出します。保険料率は平成16年9月までは13.58％でした。したがって、従業員本人と会社が6.79％ずつ負担していたわけです。しかし、年金保険の財政がひっ迫したため、平成16年10月からは13.934％となり、その後も、国民年金保険料の値上げに合わせて保険料率は毎年0.354％ずつ平成29年（2017年）の18.3%まで引き上げられ、以降は固定されています。

● 厚生年金の種類

　厚生年金の給付は大きく以下の3つに分類することができます。

① 老齢厚生年金

　老齢厚生年金は高齢となった場合に支給される厚生年金です。

　もともと厚生年金保険は60歳（女性は55歳）から支給されていましたが、昭和61年に年金制度の改正が行われ、支給開始年齢が国民年金

の支給開始年齢である65歳に合わせて繰り下げられています。

　ただ、一斉に65歳としてしまうのではなく、生年月日によって段階的に支給開始年齢を遅らせるという措置がとられています。その結果、支給開始年齢が65歳となるのは、男性の場合は昭和36年4月2日以降生まれの人、女性の場合は昭和41年4月2日以降生まれの人、ということになっています。

② 　障害厚生年金

　厚生年金に加入している被保険者が事故や病気に遭い、身体に障害が残った場合に行われる給付が障害厚生年金です。障害厚生年金は、国民年金法施行令・厚生年金法施行令に定められている障害状態の1～3級に該当する場合に支給されます。

③ 　遺族厚生年金

　厚生年金に加入している会社員が死亡した場合に、一定の遺族に支給されるのが遺族厚生年金です。

■ **厚生年金保険の年金給付など** ………………………………

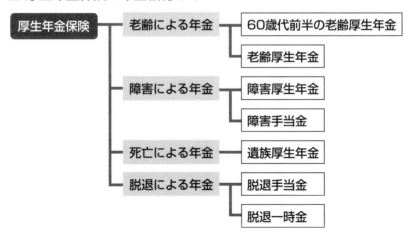

もらえる老齢厚生年金の受給要件

● 老齢厚生年金はどんな場合にもらえるのか

　会社員はほとんどの場合、厚生年金に加入することになるので、老後は老齢基礎年金に加えて老齢厚生年金を受給することができます。

① 65歳を境に2つに分かれる

　老齢厚生年金は、60歳から受給できる60歳台前半の老齢厚生年金と65歳から受給する本来の老齢厚生年金の2つに分けて考える必要があります。

　60歳台前半の老齢厚生年金は、「定額部分」と「報酬比例部分」とに分かれています。定額部分は老齢基礎年金、報酬比例部分は老齢厚生年金にあたります。65歳になると、定額部分は老齢基礎年金、報酬比例部分は老齢厚生年金に変わります。

② 受給要件

　老齢基礎年金の受給資格期間（10年間）を満たした人で、厚生年金の加入期間が1か月以上ある人は1階部分の老齢基礎年金とあわせて、本来の老齢厚生年金をもらうことができます。

　一方、60歳台前半の老齢厚生年金を受給するためには厚生年金の加入期間が1年以上あることが必要です。

③ 支給額

　65歳からもらえる本来の老齢厚生年金の支給額は老齢基礎年金と異なり、納めた保険料の額で決まります。つまり、現役時代に給料が高かった人ほどたくさん老齢厚生年金をもらえるしくみになっています。

　一方、60歳台前半でもらう老齢厚生年金については、65歳からの老齢基礎年金に相当する部分（定額部分）については、納付月数に応じて、65歳からの老齢厚生年金に相当する部分（報酬比例部分）につい

ては、現役時代の報酬を基に支給額が決められることになります。

● 経過的加算とは何か

　60歳台前半の老齢厚生年金は、「定額部分」と「報酬比例部分」に分けられ、65歳になると、定額部分は老齢基礎年金、報酬比例部分は老齢厚生年金と名称が変わりますが、実際のところ、単に名称が変わるだけではありません。定額部分と老齢基礎年金とでは、計算方法の違いから金額が変わってしまうのです。具体的には、老齢基礎年金は定額部分よりも金額が少なくなる場合があります。したがって、このままでは、60歳から「特別に支給されている年金」を受け取り、その後、65歳まで年金に加入していなかった人の場合、65歳以降に年金の手取り額が減ることになってしまいます。

　そこで、導入されたのが、経過的加算です。老齢基礎年金に経過的加算分の年金を加えて支給することで、年金の手取りを今までと同じにするのです。

■ 老齢厚生年金のしくみ ・・・・・・・・・・・・・・・・・・・・・・・・・・・・・・・・・・・

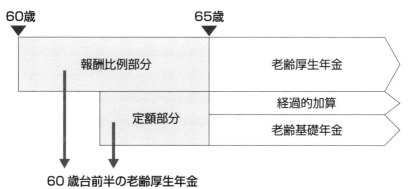

もらえる老齢厚生年金額の計算方法

● もらえる特別支給の老齢厚生年金の金額

　60歳から65際までの間に支給される特別支給の老齢厚生年金については定額部分と、報酬比例部分を分けて金額を計算します。

① 定額部分

実際に支給される定額部分の金額は以下の計算式で求めます。

定額部分の金額（令和４年４月から）＝1,621円×改定率×被保険者期間の月数

　老齢基礎年金と同様に、加入月数が多いほど受給金額が多くなるしくみとなっており、現役時代の収入の多寡は影響しません。昭和21年４月１日以前生まれの者に対しては、計算式の1,621円に1.875～1.032の改定率を掛けます。これは法改正時の定額部分の単価を調整するためです。

② 報酬比例部分

　報酬比例部分の算出方法をもっともシンプルに表すと以下のようになります。

報酬比例部分の金額＝平均標準報酬月額×加入月数×給付乗率

　標準報酬月額とは、現役時代の給与を一定の金額ごとに区分けしてあてはめた金額です。このように、報酬比例部分は、現役時代の給料が多いほど金額が増えるしくみとなっています。

　ただ、実際のところ、報酬比例部分の計算は上の数式のように単純

ではなく、非常に複雑です。その理由としては、平成15年4月から導入された総報酬制（賞与にも月給と同じ保険料率が課せられる制度）により、保険料を徴収するベースが増えるため、平成15年4月を基準に異なる乗率を用いる点や、年金制度の改正のためにもらえる年金が減額されないように、以前の年金額を使ってよいというしくみが導入されている点が挙げられます（従前額保障）。また、再評価率で、毎年の手取り賃金変動率や物価変動率を反映させています。

● 老齢厚生年金の受給額

65歳からの本来の厚生年金の受給額は前述の特別支給の老齢厚生年金報酬比例部分の計算式と同様です。また、60歳代前半の老齢厚生年金の定額部分と65歳からの老齢基礎年金との差（経過的加算、231ページ）がある場合は、老齢厚生年金に加算して支給されます。

■ 報酬比例部分の年金額の計算方法 ……………………………………

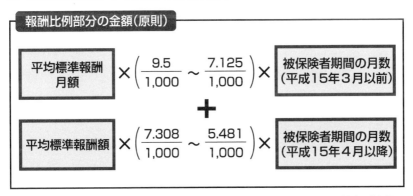

※ただし、従前額保障により、平成12年改正前の計算式で計算したほうが金額が高額になるときにはその金額が報酬比例部分の金額となる
平均標準報酬月額に乗じる乗率は生年月日によって異なり、昭和21年4月2日以降に生まれた人については、1000分の7.125、1000分の5.481となる

老齢厚生年金の支給開始時期

● 支給時期は今後65歳になる

　もともと厚生年金保険は60歳（女性は55歳）から支給されていましたが、昭和61年の改正で、すべての年金の支給開始年齢を国民年金の支給開始年齢である65歳に合わせることにしました。

　ただ、いきなり65歳にしてしまうのではなく、生年月日によって若くなるほど段階的に年金の受給を遅くしていきます。最終的には令和8年（女性は令和13年）に厚生年金保険、国民年金ともに65歳からの支給となる予定です。この段階的に遅くなっていく、65歳前に支給される厚生年金のことを特別支給の老齢厚生年金といいます。

　特別支給の老齢厚生年金は原則として報酬額に関係のない定額部分と、報酬額によって受給額が変わってくる報酬比例部分という2つの部分で成り立っています。まず、定額部分の支給を段階的に遅らせて、それが完了すると今度は報酬比例部分の支給を段階的に遅らせていきます。

　なお、女性は男性より5年遅れのスケジュールとなっています。これは、以前女性の年金が男性より5年早い55歳から支給されはじめていたことに配慮したものです。

　また、厚生年金保険の障害等級3級以上に該当する者や、44年以上の長期にわたって厚生年金保険に加入している者は、特例として、60歳から64歳までに「報酬比例部分」のみを受給できる場合には、「定額部分」も合わせてもらえることになっています。

■ 年金の支給開始時期 ······································

定額部分の支給開始時期引き上げスタート

男性	女性	60歳		65歳	
昭和16.4.1以前生まれ	昭和21.4.1以前生まれ		報酬比例部分		老齢厚生年金
			定額部分		老齢基礎年金

		61歳		65歳	
昭和16.4.2〜昭和18.4.1生まれ	昭和21.4.2〜昭和23.4.1生まれ		報酬比例部分		老齢厚生年金
			定額部分		老齢基礎年金

		62歳		65歳	
昭和18.4.2〜昭和20.4.1生まれ	昭和23.4.2〜昭和25.4.1生まれ		報酬比例部分		老齢厚生年金
			定額部分		老齢基礎年金

		63歳		65歳	
昭和20.4.2〜昭和22.4.1生まれ	昭和25.4.2〜昭和27.4.1生まれ		報酬比例部分		老齢厚生年金
			定額部分		老齢基礎年金

		64歳	65歳	
昭和22.4.2〜昭和24.4.1生まれ	昭和27.4.2〜昭和29.4.1生まれ	報酬比例部分		老齢厚生年金
			定額部分	老齢基礎年金

			65歳	
昭和24.4.2〜昭和28.4.1生まれ	昭和29.4.2〜昭和33.4.1生まれ	報酬比例部分		老齢厚生年金
				老齢基礎年金

報酬比例部分の支給開始時期引き上げスタート

		61歳		65歳	
昭和28.4.2〜昭和30.4.1生まれ	昭和33.4.2〜昭和35.4.1生まれ		報酬比例部分		老齢厚生年金
					老齢基礎年金

		62歳		65歳	
昭和30.4.2〜昭和32.4.1生まれ	昭和35.4.2〜昭和37.4.1生まれ		報酬比例部分		老齢厚生年金
					老齢基礎年金

		63歳		65歳	
昭和32.4.2〜昭和34.4.1生まれ	昭和37.4.2〜昭和39.4.1生まれ		報酬比例部分		老齢厚生年金
					老齢基礎年金

		64歳	65歳	
昭和34.4.2〜昭和36.4.1生まれ	昭和39.4.2〜昭和41.4.1生まれ		報酬比例部分	老齢厚生年金
				老齢基礎年金

			65歳	
昭和36.4.2以降生まれ	昭和41.4.2以降生まれ			老齢厚生年金
				老齢基礎年金

加給年金と振替加算

● 厚生年金保険独自の給付である

　加給年金とは、厚生年金の受給者に配偶者（内縁関係も含む）や高校卒業前の子がいるときに支給される年金です。支給額も大きく、国民年金にはない厚生年金保険独自のメリットです。「子」とは、具体的には、18歳になった後最初の3月31日までにある者、または20歳未満で障害等級1級・2級に該当する者で、どちらも未婚の場合をいいます。

　ただ、加給年金は、配偶者が65歳になって配偶者自身の老齢基礎年金がもらえるようになると支給が打ち切られます。その後、加給年金は配偶者自身の老齢基礎年金に振替加算という年金給付に金額が変わり、加算されて支給されることになります（次ページ図）。

● 加給年金の対象と支給要件はどうなっているか

　加給年金の支給対象者は、次の要件に該当する者です。

① 　年金を受け取っている者（特別支給の老齢厚生年金の場合は、定額部分の支給開始の年齢以降であること）

② 　厚生年金保険の加入期間が20年以上ある者

③ 　一定の要件を満たす配偶者や子の生計を維持している者

　なお、②の加入期間20年以上というのは原則であり、これには特例があります。生年月日に応じて、男性で40歳（女性は35歳）を過ぎてからの厚生年金保険加入期間が15年〜19年あれば受給資格が得られます。

　③の「一定の要件を満たす配偶者」とは以下の者です。

ⓐ 　配偶者について、前年度の年収が850万円未満であること（ただ

し、現在の年収が850万円以上でも、収入額がおおむね5年以内に850万円未満になると認められる場合など、一定の場合には支給される）

ⓑ　配偶者がすでに老齢年金などを受給している場合は、その年金の加入期間が20年未満であること

　ⓑの要件により、配偶者が長期在職（加入期間20年以上かそれと同等とみなされるもの）、または障害を給付事由とする年金の受給権がある場合は、受給の有無にかかわらず支給が停止されます。

■ 加給年金と振替加算の例 ････････････････････････････････

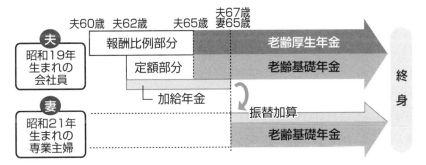

■ 加給年金がもらえる条件 ･････････････････････････････

妻の条件 ▶
①厚生年金に**20年以上加入した年金をもらっていない**
②**65歳未満**である
③**年収850万円未満**である

＋

夫の条件 ▶
①厚生年金に**20年以上加入**している
②**生計維持している配偶者**がいる

老齢厚生年金の受給額の調整

● 高齢者が働いている場合

　老齢厚生年金はもらい過ぎにならないように、他の給付との間で、受給額を調整するしくみが整えられています。年金受給者がまだ会社などで働いていて給与を得ている場合など、年金受給者に収入がある場合、その人の給与収入に応じて減額されます。これを在職老齢年金といいます。今まで在職老齢年金は、「60歳から64歳まで」と、「65歳以降」とで計算式が異なっていましたが、令和4年4月からは「60歳から64歳まで」の人は「65歳以降」の人の計算式と同じになり、これにより60歳以上の人はすべて統一した計算式になります。具体的には、今まで60歳から64歳までの人は、給与収入が28万円を超えると受給する年金が減額されていましたが、今後は65歳以上の人と同じように、給与収入が47万円までは受給する年金が減額されないしくみとなりました。

　なお、収入の少ない妻や子がいる場合に、老齢厚生年金に付加して支給される加給年金（236ページ）の金額は働いていても減額されません。ただし、在職老齢年金の調整により年金額がゼロになる場合は、加給年金も支給されません。

　在職老齢年金による老齢厚生年金の減額を避けたい場合には、厚生年金の被保険者にならないように、厚生年金の適用されない事業所で働く、正社員の4分の3未満の労働日数・労働時間で働く、個人事業主になる、といった形態で働くのがよいでしょう。

● 基本月額と総報酬月額相当額の関係で決まる

　60歳以上の在職老齢厚生年金のしくみは、基本月額と総報酬月額相

当額の合計額が47万円を超えているかを基にして判断します。

　基本月額とは、受給している老齢厚生年金額（加給年金を除く）を12で割って月額換算した額のことです。

　総報酬月額相当額とは、その月の標準報酬月額と、その月以前1年間の標準賞与額の合計額を12で割った額のことです。

　年金受給者が給与収入を得ていても、総報酬月額相当額と基本月額の合計額が47万円に達するまでは年金の全額が支給されます。

　総報酬月額相当額と基本月額の合計額が47万円を上回る場合は、47万円を上回る部分について総報酬月額相当額の半額に該当する年金額が停止されます。

　厚生年金の被保険者は原則として70歳未満の者ですが、70歳を過ぎても厚生年金が適用される事業所に雇用され、健康保険の被保険者となっている場合には同様のしくみで年金額が調整されます。

　なお、在職老齢年金については給与収入がある場合に支給が停止されるのは老齢厚生年金だけであり、老齢基礎年金のほうは全額が支給されます。

■ 60歳以上の在職老齢年金のしくみ‥‥‥‥‥‥‥‥‥‥‥‥‥‥‥‥‥

年金の基本月額 と 給与の総報酬月額の合計額
47万円を

越える
年金の支給停止額
（総報酬月額相当額＋基本月額−47万円）×1/2
47万円を超えた部分の半額が停止される

越えない
年金の支給停止額　　0円　　<u>全額支給される</u>

◉ 雇用保険の基本手当を受給する場合

　老齢厚生年金の受給権は、早ければ60歳で発生しますが、60歳を過ぎても働く意思がある場合、年金とともに、雇用保険の基本手当を受給する人がいます。ただし、働かないことを前提としている年金と、働くことを前提としている雇用保険の手当を両方受給するというのは制度の意味合いにそぐわないため、両方受給できる者については、どちらか一方しか受給することができないしくみとなっています。

　具体的には、雇用保険の基本手当をもらっている人で、65歳未満の年金受給者は老齢厚生年金がストップするというしくみになっています。ただし、雇用保険の基本手当が1日でも支給された月について全額老齢厚生年金の支給を停止するとなると、逆に止めすぎという事態も生じえます。そのため、過度に停止した分については後日支給してもらえるようになっています。

◉ 雇用保険の高年齢雇用継続給付を受給する場合

　60歳で定年年齢を迎え、継続雇用制度により再雇用される場合には、賃金の見直しが行われるのが一般的です（再雇用制度にかかわらず60歳以降を境に賃金の減額がある場合も含みます）。見直し後の賃金額が、これまでの賃金額の75％未満に低下した場合には、雇用保険から高年齢雇用継続給付が支給されます。高年齢雇用継続給付には、高年齢雇用継続基本給付金と高年齢再就職給付金があります。これらの給付金と、65歳未満の特別支給の老齢厚生年金は調整が行われ、年金の方を減額します。

　また、雇用されている場合は、在職老齢年金のしくみも適用されます。まず、在職老齢年金のしくみで減額する年金額を決め、その減額された年金額についてさらに高年齢雇用継続給付と調整します。

第8章

事業所調査のしくみ

1 年金事務所が行う社会保険の定時決定調査について

● どんなことを調査されるのか

　事業所調査とは、日本年金機構が行う定期的な調査のことです。調査というと、ニュースやドラマの映像のように、複数の職員が事務所へぞろぞろと入っていき、大量の書類を段ボール箱に入れて運び去る、というイメージを抱いているかもしれませんが、事業所調査に関してはそのようなことはありません。調査の対象とされた事業所が事業所の所在地を管轄する年金事務所へ出向いた上で行われることになります（近年では、郵送や電子申請でも行われています）。

　調査は、事業所で行う社会保険の手続きが「適正か」を調べることが目的です。調査のうち、特に念入りに調べられるのが、パートやアルバイトなどの非正規雇用者の社会保険加入状況です。

　令和4年10月からは短時間労働者の社会保険適用が拡大され、101人以上の従業員をもつ事業所が対象となっています。また、短時間労働者の適用要件も、雇用期間が2か月を超えて見込まれることが要件になります。さらには、令和6年10月からは、51人以上の従業員をもつ事業所が対象になります。少子高齢化などの影響もあり、社会保障に使用する財源が決定的に不足していることから、多様化している短時間勤務の労働者に社会保険へ加入してもらうことがこの改正の目的です。

　国としては、とにかく社会保険へ加入し、保険料を集めなければなりません。本来社会保険に加入しなければならない、もしくは加入要件ギリギリの働き方をするパートやアルバイトが未加入の場合は、賃金台帳や給与明細書を確認の上、適正かどうかを判断することになります。また、加入されている場合でも、標準報酬月額が実際に支給された給与に応じた内容かも確認されるため、注意が必要です。

事業所調査の通知がきたらどうする

　事業所調査の対象となった場合、事業所所在地を管轄する年金事務所より書類が届きます。その中には、調査を実施する日時（または年金事務所へ郵送、電子申請する期限）と必要書類が記載されています。

　限られた日程内で必要書類をそろえる必要があるため、日頃からの社内体制の整備具合が問われるでしょう。社会保険労務士と顧問契約をしている場合は、早急に調査の日時（または提出期限）と内容について伝え、協力を仰ぐべきです。

　なお、指定された日時に出頭（または提出期限までに郵送、電子申請）しなかった場合は、後日に年金事務所より電話がかかってくることがあります。それでも応じない場合は年金事務所の担当者が事務所へ出向くという事態にもなりかねないため、注意が必要です。単に用事で指定された日程に出頭（または提出期限までに郵送、電子申請）するのが難しい場合は、書類に記載された年金事務所へ電話をして、変更の依頼をすることができます。

どんな書類を用意すればよいのか

　調査の際に必要となる書類は、事業主宛に届いた「健康保険及び厚生年金保険被保険者の資格及び報酬等調査の実施について」という通

■ **事業所調査** ･･･

事業所調査の通知

年金事務所　　　→

←　出頭・郵送・電子申請　　事業所

数年に一度、調査対象となった事業所に対して行われる
社会保険の加入状況（特にパート・アルバイト）などを調査することが目的
調査に備えて、出勤簿、賃金台帳、就業規則の整備などの労務管理が必要

知書に記されています。

　具体的には、以下の書類が必要となるため、用意しなければなりません。

① 　報酬・雇用に関する調査票（同封された用紙に記入）

② 　源泉所得税領収証書

③ 　就業規則および給与規定

④ 　賃金台帳または賃金支給明細書

⑤ 　出勤簿（タイムカードも可）※賃金台帳等において出勤日数および労働時間が確認できる場合は省略可

● 年金事務所はどんな点をチェックするのか

　年金事務所側は持参（または郵送、電子申請）された書類をもとに、社会保険の加入状況について一つずつ調べていきます。

　重視されるポイントとしては、まずは社会保険に加入している者の人数です。前述②の源泉所得税領収証書に記された従業員数をもとに、そのうち何人の従業員が社会保険に加入しているかを調査します。特にパート・アルバイトなどの非正規雇用者の加入状況は一人ずつ念入りに調べ、加入していない者に対してはそれが適正かを検証します。

　次に、社会保険加入者の標準報酬月額等級が正しいかを調べます。昇給や各種手当に応じた標準報酬月額が定められているか、または通勤費、時間外労働手当が反映されているか、報酬変更時に正しい手続きがされているかを順に確認していきます。

　なお、源泉所得税領収証書には実際に支払った給与の金額も記載されているため、帳簿との差がないか、金額が適正かを同時にチェックされることになります。

　また、新入社員の社会保険加入日についても重要なポイントです。よく、試用期間中の従業員を社会保険に加入させていない事業所がありますが、試用期間中も社会保険への加入要件を満たす働き方をさせ

ている場合は、当然ながら社会保険への加入が必要です。また、試用期間のみを対象とした雇用契約を締結する場合もありますが、これも試用期間後に本採用として契約を更新することになっている場合は、試用期間中も社会保険への加入を要します。

● 会社としてはどんな対策や準備をすべきか

事業所調査は、社会保険に加入している事業所に対して数年に一度行われるものです。調査目的から判断すると、たとえば工場を抱える製造業や飲食などのサービス業など、比較的非正規雇用者が多い業種に対して調査が行われやすいと言われています。また、介護職など比較的高齢の従業員が多い場合や外国人労働者を雇う場合なども要注意です。

ただし、現在ではどの事業所に関してもそれほど差はなく、長くて5年に一度はこの調査が実施される流れになっています。今は大丈夫でも、将来において対象となることは十分にあり得ます。

そのためには、今のうちから対策を取っておかなければなりません。いつ調査が入っても問題がない状態にする必要があります。

具体的には、まずは勤怠や給与計算の業務をマニュアル化し、パートやアルバイト、日雇い労働者などを含むすべての従業員に対して徹底することです。

社会保険に加入するか否かは、収入や労働時間、労働日数に左右されます。出勤簿やタイムカードを正しい時間で毎日つけるように心がけ、給与明細書や賃金台帳、源泉所得税領収証書の控え分とともに毎月必ず整理した上で保管を行います。保管期間は、法律で定められた期間は保管を続けるようにしましょう。また、従業員の労働時間について定めた就業規則や賃金規程の整備も必要です。パート・アルバイトの非正規雇用者に対し、正規社員と異なる形態で支払いを行っている場合は、別途専用の規程を作成しておかなければなりません。

資料　定時決定（算定）時調査のご案内

令和○年○月○月

事業主　様

日本年金機構　○○年金事務所

健康保険及び厚生年金保険被保険者の資格及び報酬等調査の実施について

　事業主の皆様には、日頃から社会保険事務の運営にご協力いただき、厚くお礼申し上げます。

　この度、貴事務所の従業員に係る健康保険及び厚生年金保険の被保険者資格及び報酬等につきまして、調査を実施させていただくこととなりました。

　つきましては、業務ご多忙のところ誠にお手数と存じますが、下記により必要な帳簿等の写しをとっていただき、当所まで郵送いただきますようご協力をお願い申し上げます。帳簿等の内容で確認させていただきたいことがありましたら、連絡させていただくことがあります。※帳簿等の郵送に代えて、電子申請（e-Gov）での提出が可能となりました。詳細は、別添をご確認ください。

記

1．提出期限　令和○年○月○日（○）まで
2．調査対象　社会保険の適用の有無や雇用形態に関わらず在職している全役員全従業員（パートやアルバイトの短時間就労者等を含みます）が調査の対象となります。
3．提出していただくもの
　①　報酬・雇用に関する調査票（同封の用紙にご記入下さい）
　②　源泉所得税領収証書
　③　就業規則および給与規定
　④　賃金台帳または賃金支給明細書
　⑤　出勤簿（タイムカードも可）※賃金台帳等において出勤日数および労働時間が確認できる場合は省略可とします
4．今回の調査は、健康保険法第 198 条第 1 項、厚生年金保険法第 100 条第 1 項に基づき行うものです。
5．書類の提出（郵送）先
　○○○-○○○○
　○○市○○町○-○-○
　○○年金事務所厚生年金適用調査課
お問い合わせ
　TEL○○-○○○○-○○○○

労働保険や社会保険に加入していない事業所について

● 加入が義務づけられているが未加入の事業所は沢山ある

　労働保険制度や社会保険制度では、適用要件を満たす事業所に対して、加入を義務づけています。しかし、中には未加入のままでいる事業所が存在することも事実です。

　我が国の9割以上が中小企業・零細企業といわれていますが、これらの小規模事業所の中には、加入手続きを取っていない場合が見られます。たとえば、労働保険・社会保険いずれも未加入、労働保険のみ加入で社会保険には未加入などのケースです。

　原因としては、まず労働保険や社会保険のしくみを理解していない場合があります。たとえば、加入意思があるものの、手続き方法がわからない、もしくは煩わしさから行っていないケースです。このような場合は、まずは最寄りの労働基準監督署や年金事務所に連絡を取り、手続きを行う場所や方法について尋ねてみましょう。

　さらに、保険料の支払いを避けるために、あえてこれらの保険に加入しないケースが見られます。言うまでもなく、加入すべき労働保険・社会保険に加入しない行為は違法となります。国側もこの事実を見逃さないよう、法人マイナンバー（法人番号）を活用して未加入の事業所を摘発していく動きが見られています。

● どんなペナルティを受けるのか

　社会保険への未加入が発覚した場合、まずは事業所の所在地を管轄する年金事務所より加入を促す連絡と、加入の際に必要となる手続き書類が郵送されます。ここで加入の手続きを行えば、まず問題はないといえるでしょう。

しかし、それでも加入手続きに踏み切らない場合、年金事務所職員による立ち入り検査や、認定による強制加入手続きがなされる場合があります。その際には、追徴金の支払や罰則が科される可能性もあります。

　一方、労働保険の場合も、事業所の所在地を管轄する労働基準監督署より加入を促す連絡と、加入の際に必要となる手続書類が郵送されます。ここで加入指導に従わない場合は、罰則の対象となる可能性がありますが、それに加えて労働保険にまつわる給付を受ける際に大きな損失を被ります。たとえば、労災保険に未加入の状態で労災事故が発生した場合、通常であれば国から受けることができる給付金を事業所が肩代わりする可能性があります。また、退職者が失業の際の給付を受けるために雇用保険の未加入の事実を訴え出る恐れもあります。

　労働保険にしろ、社会保険にしろ、加入することによるメリットが多々あります。加入の義務がある場合は、早急に加入するべきだといえるでしょう。

◉ これから加入する場合にはどんな手続きをするのか

　労働保険や社会保険への未加入の事実が発覚した場合、新規加入の手続きを行います。新規加入の手続き方法については労働保険、社会保険ともに通常の場合と同じ手順となりますが、未加入であった期間の保険料をさかのぼって支払わなければなりません。未加入期間は最大２年で計算され、併せて追徴金の徴収も行われます。

　さらに、加入に対する督促状の期限内に加入手続きを行わなかった場合や立入調査に対して非協力的であった場合は、社会保険の場合は６か月以下の懲役または50万円以下の罰金、労働保険の場合は６か月以上の懲役または30万円以下の罰金が科される可能性があるため、注意が必要です。

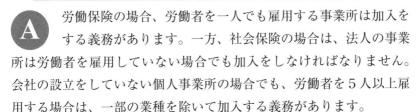

Q 労災には加入しているが社会保険に加入していないという場合はどうなるのでしょうか。

A 労働保険の場合、労働者を一人でも雇用する事業所は加入をする義務があります。一方、社会保険の場合は、法人の事業所は労働者を雇用していない場合でも加入をしなければなりません。会社の設立をしていない個人事業所の場合でも、労働者を5人以上雇用する場合は、一部の業種を除いて加入する義務があります。

したがって、労災には加入しているものの社会保険に加入をしていないことが認められる事業所は、労働者が5人に満たない個人事業所が挙げられます。我が国には9割以上の中小企業、零細企業があるため、労働保険のみ加入義務が生じる事業所は多く存在することが予想されます。そして、上記以外の事業所、たとえば法人の場合は5人以上の労働者がいるにもかかわらず社会保険に加入していない場合は社会保険に加入しなければなりません。加入していない場合は法律違反となり、罰則や罰金が必要になる可能性があります。

罰則の内容は、健康保険法によると、事業主が社会保険にまつわる届出を正しく行っていない場合などに6か月以下の懲役または50万円以下の罰金が科されるとされています。また、本来であれば加入すべき期間を加入していなかったということで、過去にさかのぼって社会保険加入対象者分の社会保険料の支払いをしなければなりません。期間は最長で2年間となり、さらに延滞金の支払も求められます。すでに退職している労働者であっても、2年以内に社会保険の加入対象者として働いている事実があれば、その労働者分の保険料も支払う必要があります。

実際には、よほど悪質ではない限り過去の保険料の支払は求められない可能性がありますが、未加入事業所に対する対策強化の流れがあるため、決して加入義務を怠らないようにしなければなりません。

3 社会保険料逃れにならないようにするための手続き

◉ 標準報酬のしくみを理解しておかないと社保調査で問題になる

　少子高齢化の影響により、社会福祉関係の予算は不足し続けています。そのため、社会保険料の未納問題に対する年金機構の対策は厳しくなり、調査数の増加や調査内容の詳細化が顕著になっています。

　このような調査で指摘を受けないためにも、各会社としては、正しく適正な方法で社会保険料を納める必要があります。そのためには、社会保険料のしくみを正しく理解しなければなりません。

　社会保険制度において覚えておかなければならない特徴のひとつに、標準報酬制度があります。これは、毎月の給料計算のたびに保険料を算出し、事務負担を増やすことを防ぐため、あらかじめ給料額を複数の等級に分類した「標準報酬月額」を用い、給料を該当する等級に当てはめて保険料を決定するしくみのことです。健康保険・厚生年金保険それぞれの金額に応じた標準報酬月額表が定められており、最新の表は日本年金機構や協会けんぽのサイトより入手できます。なお、標準報酬制度は賞与にも適用されており、「標準賞与額」を用いて、該当する等級に保険料率を掛けて求めた額が社会保険料となります。

◉ 3か月連続大幅アップ・ダウンしている場合は随時改定が必要

　標準報酬月額の改定は、原則は「定時決定」として、毎年4月〜6月の3か月間の報酬に応じて行われ、その金額はその年の9月から1年間適用されます。しかし、会社によっては、定時昇給以外の昇給や雇用形態の変更、異動による通勤費の変更などによる大幅な報酬額の増減が生じる場合があります。そこで、以下の条件に該当するときには、定時決定を待たずに標準報酬月額を変更するという随時改定制度

が用いられます。

① 報酬の固定的部分（基本給、家族手当、通勤手当など）の変動

② 報酬の変動月とその後２か月の報酬（手当等変動部分も含む）の
　平均が現在の標準報酬月額に比べて２等級以上の増減

③ ３か月とも報酬支払基礎日数が17日以上ある

　随時改定の必要があったにもかかわらず改定を行わなかった場合、報酬に応じた正しい社会保険料の支払ができなくなります。特に報酬がアップした場合に改定を行わないと、保険料逃れとみなされ、社保調査の際に問題となります。随時改定のタイミングを忘れないよう、毎月の給与額チェックは確実に行い、増減が生じた労働者の金額には特に注意を払う必要があります。

● 保険料逃れのための賞与の分割支給は許されない

　社会保険料の金額は国によって毎年改定が行われ、年を追うごとに増加の一途をたどっている状況です。そのため、少しでも納めるべき保険料の金額を減らすために、賞与を利用する会社が問題視されています。具体的には、標準賞与額の査定を免れるため、支払う予定の賞与額を按分して毎月の給与額に上乗せし、保険料の金額を減額させようという方法のことです。このような問題に対する対策として、厚生労働省は「『健康保険法及び厚生年金保険法における賞与に係る報酬の取扱いについて』の一部改正について」という内容の通知を発令しました。これにより、賞与として支払われるべき賃金の分割支給額は、毎月の給与と扱うことが不可能になります。賞与の支給を適切に行わず、毎月の給与額に上乗せする方法で保険料逃れを図った場合、社保調査により厳しい指摘を受ける可能性があります。労働者が将来適切な金額の年金を受け取ることができるよう、このような保険料逃れは避けなければなりません。

Q 事業所調査により加入が必要な手続きに未加入であることが発覚した場合に年金事務所や税務署にはどんな書類を提出する必要があるのでしょうか。

A 加入が必要な手続きに未加入であることが発覚した場合は、早急に労災保険の加入手続きと雇用保険関係の届出を行わなければなりません。ただし、起業時に社長１人だけの場合は加入の必要はなく、そもそも調査で指摘されることはありません。しかし、その後従業員を雇用した場合は労働保険への加入手続きが必要になるため、注意が必要です。

① 労働保険の保険関係成立届

正規・非正規問わず、労働者を採用している場合は必ず労働保険に加入しなければならず、これを労働保険関係の成立といいます。

労働保険には労災保険と雇用保険の２つがあり、原則として両保険同時に加入しなければなりません（一元適用事業）。しかし、建設業を始めとするいくつかの事業は、現場で働いている人と会社で働いている人が異なる場合があるため、労災保険と雇用保険が別々に成立する二元適用事業とされています。

必要になる書類は、まず会社の設立時、または労働者の雇用時に提出が必要となる「保険関係成立届」で、これを所轄の労働基準監督署へ届け出ます。支店で労働者を雇用している場合は、支店についての保険関係成立届も必要です。会社など法人の場合には登記事項証明書、個人の場合には事業主の住民票の写しなどを添付書類として提出します。

② 雇用保険適用事業所設置届

労働保険関係の成立と同じく、労働者を採用している場合、業種や事業規模に関係なく雇用保険への加入が必要です。ただし、５人未満の個人事業（農林水産・畜産・養蚕の事業）に限り任意加入です。

手続きの手順としては、まず、雇用保険の加入該当者を雇用した場

合に提出が必要となる「雇用保険適用事業所設置届」を所轄公共職業安定所に届け出ます。添付書類は以下の通りです。

・労働保険関係成立届の控えと雇用保険被保険者資格取得届
・会社などの法人の場合には法人登記事項証明書
・個人の場合には事業主の住民票または開業に関する届出書類
・賃金台帳・労働者名簿・出勤簿等の雇用の事実が確認できる書類

③　雇用保険被保険者資格取得届

　雇用保険適用事業所設置届の提出後は、加入対象となる労働者分の雇用保険の加入手続きを行います。パート・アルバイトなどの正社員以外の非正規雇用者であっても、以下の場合には被保険者となります。

ⓐ　1週間の所定労働時間が20時間以上であり、31日以上雇用される見込みがある者（一般被保険者）

ⓑ　4か月を超えて季節的に雇用される者（短期雇用特例被保険者）

ⓒ　65歳以上の一般被保険者（高年齢被保険者）

ⓓ　30日以内の期間または日々雇用される者（日雇労働被保険者）

　なお、個人事業主、会社など法人の社長は雇用保険の被保険者にはなりませんが、代表者以外の取締役については、部長などの従業員としての身分があり、労働者としての賃金が支給されていると認められれば、被保険者となる場合があります。

　資格取得届を提出する場合、原則として添付書類は不要です。ただし、未加入発覚後に届出をする場合には、①労働者名簿、出勤簿（またはタイムカード）、賃金台帳、労働条件通知書（パートタイマー）等の雇用の事実と雇入日が確認できる書類、②雇用保険適用事業所台帳の添付が求められるケースがあります。

●被保険者を雇用したときの社会保険の手続き

　社会保険（健康保険・厚生年金保険）の場合は雇用保険とは異なり、労働者が1人もいない場合であっても（社長1人だけの会社であっても）、会社設立の時点で加入をしなければなりません。

① 新規適用届

社会保険の加入手続きをする場合、事業所の所在地を管轄する年金事務所に「健康保険厚生年金保険新規適用届」を、保険料の納付を口座振替で希望する場合は、同時に「保険料口座振替納付（変更）申出書」を提出します。

なお、支店を設置している場合にも「新規適用届」が必要です。添付書類は、ⓐ法人事業所の場合は登記事項証明書、ⓑ強制適用となる個人事業所の場合は事業主の世帯全員の住民票（コピー不可）です。

② 健康保険厚生年金保険被保険者資格取得届

労働者を採用しており、その労働者が社会保険の加入要件に該当する場合は、資格取得の手続きを行わなければなりません。会社などの法人の役員・代表者の場合でも、社会保険では「会社に使用される人」として被保険者になります。ただし、個人事業主は「使用される人」ではないとされ、加入要件には該当しません。また、ⓐ日雇労働者、ⓑ2か月以内の期間を定めて使用される者、ⓒ4か月以内の季節的業務に使用される者、ⓓ臨時的事業の事業所に使用される者（6か月以内）、ⓔ短時間労働者（目安は1週間の所定労働時間または1か月の所定労働日数が正社員の4分の3未満）は、被保険者にはなりません。なお、101人以上（令和6年10月以降は51人以上）の労働者を雇用する事業所の場合は、ⓕ1週間の所定労働時間が20時間以上、ⓖ月額賃金88,000円以上、ⓗ2か月を超えての継続雇用見込みがある場合は、短時間労働者でも社会保険が適用されます。

手続きとしては「健康保険厚生年金保険被保険者資格取得届」を、事業所を管轄する年金事務所に届け出ます。添付書類は、①健康保険被扶養者（異動）届（被扶養者がいる場合）、②定年再雇用の場合は就業規則、事業主の証明書などです。

資料　健康保険（協会、東京都）・厚生年金保険標準報酬額月額保険料額表

令和４年３月分（４月納付分）からの健康保険・厚生年金保険の保険料額表

・健康保険料率：令和4年3月分〜　適用　　・厚生年金保険料率：平成29年9月分〜　適用
・介護保険料率：令和4年3月分〜　適用　　・子ども・子育て拠出金率：令和2年4月分〜　適用

（東京都）　　　　　　　　　　　　　　　　　　　　　　　　　　　　（単位：円）

標準報酬 等級	標準報酬 月額	報酬月額 円以上	報酬月額 円未満	全国健康保険協会管掌健康保険 介護保険第2号被保険者に該当しない場合 9.81% 全額	折半額	全国健康保険協会管掌健康保険 介護保険第2号被保険者に該当する場合 11.45% 全額	折半額	厚生年金保険料（厚生年金基金加入員を除く）一般・坑内員・船員 18.300%※ 全額	折半額
1	58,000	~	63,000	5,689.8	2,844.9	6,641.0	3,320.5		
2	68,000	63,000 ~	73,000	6,670.8	3,335.4	7,786.0	3,893.0		
3	78,000	73,000 ~	83,000	7,651.8	3,825.9	8,931.0	4,465.5		
4(1)	88,000	83,000 ~	93,000	8,632.8	4,316.4	10,076.0	5,038.0	16,104.00	8,052.00
5(2)	98,000	93,000 ~	101,000	9,613.8	4,806.9	11,221.0	5,610.5	17,934.00	8,967.00
6(3)	104,000	101,000 ~	107,000	10,202.4	5,101.2	11,908.0	5,954.0	19,032.00	9,516.00
7(4)	110,000	107,000 ~	114,000	10,791.0	5,395.5	12,595.0	6,297.5	20,130.00	10,065.00
8(5)	118,000	114,000 ~	122,000	11,575.8	5,787.9	13,511.0	6,755.5	21,594.00	10,797.00
9(6)	126,000	122,000 ~	130,000	12,360.6	6,180.3	14,427.0	7,213.5	23,058.00	11,529.00
10(7)	134,000	130,000 ~	138,000	13,145.4	6,572.7	15,343.0	7,671.5	24,522.00	12,261.00
11(8)	142,000	138,000 ~	146,000	13,930.2	6,965.1	16,259.0	8,129.5	25,986.00	12,993.00
12(9)	150,000	146,000 ~	155,000	14,715.0	7,357.5	17,175.0	8,587.5	27,450.00	13,725.00
13(10)	160,000	155,000 ~	165,000	15,696.0	7,848.0	18,320.0	9,160.0	29,280.00	14,640.00
14(11)	170,000	165,000 ~	175,000	16,677.0	8,338.5	19,465.0	9,732.5	31,110.00	15,555.00
15(12)	180,000	175,000 ~	185,000	17,658.0	8,829.0	20,610.0	10,305.0	32,940.00	16,470.00
16(13)	190,000	185,000 ~	195,000	18,639.0	9,319.5	21,755.0	10,877.5	34,770.00	17,385.00
17(14)	200,000	195,000 ~	210,000	19,620.0	9,810.0	22,900.0	11,450.0	36,600.00	18,300.00
18(15)	220,000	210,000 ~	230,000	21,582.0	10,791.0	25,190.0	12,595.0	40,260.00	20,130.00
19(16)	240,000	230,000 ~	250,000	23,544.0	11,772.0	27,480.0	13,740.0	43,920.00	21,960.00
20(17)	260,000	250,000 ~	270,000	25,506.0	12,753.0	29,770.0	14,885.0	47,580.00	23,790.00
21(18)	280,000	270,000 ~	290,000	27,468.0	13,734.0	32,060.0	16,030.0	51,240.00	25,620.00
22(19)	300,000	290,000 ~	310,000	29,430.0	14,715.0	34,350.0	17,175.0	54,900.00	27,450.00
23(20)	320,000	310,000 ~	330,000	31,392.0	15,696.0	36,640.0	18,320.0	58,560.00	29,280.00
24(21)	340,000	330,000 ~	350,000	33,354.0	16,677.0	38,930.0	19,465.0	62,220.00	31,110.00
25(22)	360,000	350,000 ~	370,000	35,316.0	17,658.0	41,220.0	20,610.0	65,880.00	32,940.00
26(23)	380,000	370,000 ~	395,000	37,278.0	18,639.0	43,510.0	21,755.0	69,540.00	34,770.00
27(24)	410,000	395,000 ~	425,000	40,221.0	20,110.5	46,945.0	23,472.5	75,030.00	37,515.00
28(25)	440,000	425,000 ~	455,000	43,164.0	21,582.0	50,380.0	25,190.0	80,520.00	40,260.00
29(26)	470,000	455,000 ~	485,000	46,107.0	23,053.5	53,815.0	26,907.5	86,010.00	43,005.00
30(27)	500,000	485,000 ~	515,000	49,050.0	24,525.0	57,250.0	28,625.0	91,500.00	45,750.00
31(28)	530,000	515,000 ~	545,000	51,993.0	25,996.5	60,685.0	30,342.5	96,990.00	48,495.00
32(29)	560,000	545,000 ~	575,000	54,936.0	27,468.0	64,120.0	32,060.0	102,480.00	51,240.00
33(30)	590,000	575,000 ~	605,000	57,879.0	28,939.5	67,555.0	33,777.5	107,970.00	53,985.00
34(31)	620,000	605,000 ~	635,000	60,822.0	30,411.0	70,990.0	35,495.0	113,460.00	56,730.00
35(32)	650,000	635,000 ~	665,000	63,765.0	31,882.5	74,425.0	37,212.5	118,950.00	59,475.00
36	680,000	665,000 ~	695,000	66,708.0	33,354.0	77,860.0	38,930.0		
37	710,000	695,000 ~	730,000	69,651.0	34,825.5	81,295.0	40,647.5		
38	750,000	730,000 ~	770,000	73,575.0	36,787.5	85,875.0	42,937.5		
39	790,000	770,000 ~	810,000	77,499.0	38,749.5	90,455.0	45,227.5		
40	830,000	810,000 ~	855,000	81,423.0	40,711.5	95,035.0	47,517.5		
41	880,000	855,000 ~	905,000	86,328.0	43,164.0	100,760.0	50,380.0		
42	930,000	905,000 ~	955,000	91,233.0	45,616.5	106,485.0	53,242.5		
43	980,000	955,000 ~	1,005,000	96,138.0	48,069.0	112,210.0	56,105.0		
44	1,030,000	1,005,000 ~	1,055,000	101,043.0	50,521.5	117,935.0	58,967.5		
45	1,090,000	1,055,000 ~	1,115,000	106,929.0	53,464.5	124,805.0	62,402.5		
46	1,150,000	1,115,000 ~	1,175,000	112,815.0	56,407.5	131,675.0	65,837.5		
47	1,210,000	1,175,000 ~	1,235,000	118,701.0	59,350.5	138,545.0	69,272.5		
48	1,270,000	1,235,000 ~	1,295,000	124,587.0	62,293.5	145,415.0	72,707.5		
49	1,330,000	1,295,000 ~	1,355,000	130,473.0	65,236.5	152,285.0	76,142.5		
50	1,390,000	1,355,000 ~		136,359.0	68,179.5	159,155.0	79,577.5		

※厚生年金基金に加入している方の定められている免除保険料率（2.4%〜5.0%）を控除した率となります。

加入する基金ごとに異なりますので、免除保険料率および厚生年金基金の掛金については、加入する厚生年金基金にお問い合わせください。厚生年金保険料率は、基金ごとに

◆介護保険第2号被保険者は、40歳から64歳までの方であり、健康保険料率（9.81%）に介護保険料率（1.64%）が加わります。
◆等級欄の（　）内の数字は、厚生年金保険の標準報酬月額等級です。
　4（1）等級の「報酬月額」欄は、厚生年金保険の場合「93,000円未満」と読み替えてください。
　35（32）等級の「報酬月額」欄は、厚生年金保険の場合「635,000円以上」と読み替えてください。
◆令和４年度における全国健康保険協会の任意継続被保険者について、標準報酬月額の上限は、300,000円です。

【監修者紹介】
小島　彰（こじま　あきら）
1957年生まれ。石川県出身。特定社会保険労務士（東京都社会保険労務士会）。
就業規則等の作成から労働保険・社会保険の手続き業務といった代行業務、
労務相談、IPO（株式上場）支援コンサルテーション、労務監査などを数多
く手掛けている。労務相談については、企業側からの相談に留まらず、労働
者側からの相談も多い。また、IPO（株式上場）のコンサルティングにおい
ては、昨今のIPOでの労務関係の審査の厳格化に対応するための適切な指導
を行っている。IPO関連のセミナーの実績多数。
著作に、『労務管理の手続きと書式』『出産・育児・介護のための休業・休暇
の法律手続きと実務書式』『図解とQ＆Aでわかる セクハラ・パワハラ・マタ
ハラをめぐる法律とトラブル解決法123』（監修、小社刊）などがある。

●こじまあきら社会保険労務士事務所
会社の設立時の新規適用申請から労働保険・社会保険の手続き代行、給与計
算代行、就業規則の新規作成および改正業務、その他労務関連の諸規定の整
備、IPO（株式上場）労務コンサルテーションなど幅広く対応している。また、
電話とメールを活用した相談サービスやセミナー講師、原稿執筆なども積極
的に行っている。
ホームページ　http://www.kojimaakira-sr.com

事業者必携
入門図解
社会保険・労働保険のしくみと実務ポイント

2023年1月30日　第1刷発行

監修者	小島彰
発行者	前田俊秀
発行所	株式会社三修社
	〒150-0001　東京都渋谷区神宮前2-2-22
	TEL　03-3405-4511　FAX　03-3405-4522
	振替　00190-9-72758
	http://www.sanshusha.co.jp
	編集担当　北村英治
印刷所	萩原印刷株式会社
製本所	牧製本印刷株式会社

©2023 A Kojima Printed in Japan
ISBN978-4-384-04908-4 C2032